77 HOFFNUNGSFENSTER
Geschichten vom neuen Leben

Willi Hoffsümmer (Hg.)

77 *Hoffnungsfenster*

Geschichten vom neuen Leben

Patmos Verlag

VERLAGSGRUPPE PATMOS

PATMOS
ESCHBACH
GRÜNEWALD
THORBECKE
SCHWABEN

Die Verlagsgruppe
mit Sinn für das Leben

www.patmos.de

Umschlaggestaltung: Finken & Bumiller, Stuttgart
Umschlagabbildung: Wuerttembergische Landesbibliothek: Ra 18 Wei 1-3.4 (Weinmann, Johann Wilhelm: Eigentliche Darstellung einiger Tausend in allen vier Welt-Theilen gewachsener Bäume, Stauden, Kräuter, Blumen, Früchte und Schwämme. – Regensburg: Lentzen, 1735)
Druck: CPI – Ebner & Spiegel, Ulm
Hergestellt in Deutschland
ISBN 978-3-8436-0306-5

Inhalt

Vorwort

Besonders nach den langen Wintertagen möchten wir die Fenster weit öffnen, um die Strahlen der stärker werdenden Sonne zu spüren. Frühling – neues Leben liegt in der Luft! Aber auch im Wandel der Jahreszeiten können wir von der Weisheit der Schöpfung lernen. Immer wieder gibt es kleine und große Hoffnungszeichen zu entdecken.
Die 77 Geschichten dieses Buches sind wie offene Fenster, die den Duft und die Verheißung eines Neuanfangs hereinlassen. Sie machen uns neugierig auf das erwachende und gleichzeitig immer neue Leben, das die Natur uns schenkt. Und es sind Hoffnungsgeschichten, denn sie wissen vom Wunder der Auferstehung.

Stoßen Sie Ihr Herzensfenster weit auf!
Das wünscht
Ihr

Willi Hoffsümmer

Einüben in die Hoffnung

1

DER UNBESIEGBARE KEIM

Eine Tulpenzwiebel erwachte unter dem gefrorenen Boden und streckte vorsichtig den Keim aus der Schale. Da lachte der grimmige Frost und sagte: »Es wird dir nie gelingen, die eisige Kälte um dich herum zu durchbrechen!« Die Tulpenzwiebel widersprach: »Ich spüre aber den unwiderstehlichen Drang in mir, es zu versuchen. Mich erfüllt eine Sehnsucht, die mich nach oben drängt.«
Die Sonne mit ein paar warmen Strahlen kam ihr zu Hilfe: »Ja, wage dich hervor und kündige die neue Jahreszeit an, die viele Menschen wieder hoffen lässt.« Es dauerte nicht lange, da durchbohrte der Keim der Tulpe die harte, kalte Erde.
Und zähneknirschend wich der Frost zurück. Er war machtlos gegen den winzigen, grünen Keim.

2

WARTEN KÖNNEN

Eine Geschichte aus China erzählt: Ein Mann hatte seinen kleinen Acker gut vorbereitet, gepflügt und gesät. Er wunderte sich nur nach ein paar Wochen, dass die Saat so langsam aufging. Bei seinem Nachbarn sah er schon kräftigen grünen Wuchs! Von Tag zu Tag wurde seine Geduld geringer. Er konnte vor Sorge nicht mehr schlafen. Schließlich hatte er eine wahnwitzige Idee. Er lief zu seinem Feld und begann, die kleinen zarten Halme etwas in die Höhe zu ziehen. Das war natürlich eine mühsame Arbeit, aber schließlich war er fertig. Er traf unterwegs

seinen Nachbarn und sagte ihm, dass er seinem Korn beim Wachsen geholfen habe. Neugierig geworden, liefen sie zu seinem Feld und sahen alles zerstört und verwelkt.
Und noch lange lachte man im Dorf über den Mann, der nicht warten konnte.

3

DER NUSSBAUM

Ein Mann, der einen jungen Nussbaum auf sein Grundstück gepflanzt hatte, war enttäuscht über den Undank des Baumes:
»Was konnte ich mehr für ihn tun?«, sprach er zum Nachbarn, »ich habe ihn jeden Tag reichlich gegossen, jede Woche Dünger gestreut, zweimal im Jahr ringsum die Erde gelockert, im Frühjahr an seinen Zweigen gezogen, um sein Wachstum zu fördern. Er aber verweigert sich; sehen Sie den kläglichen Baum! Ich fürchte, er wird niemals Nüsse tragen.«
»Wie wäre es, wenn Sie ihn einmal in Ruhe ließen?«, schlug der Nachbar vor.

4

OHNE GEDULD KEIN WACHSEN

»Deine Geduld möchte ich haben«, sagte ein Veilchen zur Schlüsselblume, »noch nie hast du ein Tor aufgeschlossen und doch lässt du jedes Jahr deine nutzlosen Schlüsselkelche sprossen. Wenn das keine Vergeudung ist!«

Die Schlüsselblume antwortete: »Vergeuden, mein liebes Veilchen, kann auch eine andere Form der Liebe sein. Wer blüht, weil er liebt, fragt nicht nach dem Zweck seines Blühens. Liebende haben Geduld und verschenken sich tausendfach. Liebenden ist kein Maß gesetzt. Ohne Liebe kein Leben – ohne Geduld kein Wachsen.«

5 AUFHOLJAGD

In China gibt es eine ganz besondere Bambusart: Wenn man einen ihrer Samen in fruchtbaren Boden steckt, muss man sich mit Geduld wappnen … Im ersten Jahr geschieht nämlich gar nichts. Kein Stängel, nicht das kleinste Sprösslein stößt durch den Boden. Im zweiten Jahr ebenso wenig. Und im dritten Jahr: Fehlanzeige. Dann aber sicher im vierten Jahr?: Auch dann nicht!

Erst im fünften Jahr schiebt der Bambus eine Sprossspitze aus dem Boden. Die aber wächst in einem Jahr zwölf Meter hoch!

Die Erklärung für diese »Aufholjagd«: Fünf Jahre lang bildet der Bambus im Erdreich ein erstaunliches Wurzelwerk aus. Und wenn das fähig ist, für genug Saft zu sorgen, dringt der Bambus mit solch enormer Kraft in die Höhe.

6
VERTRAUEN

Da lebten zwei fromme Mönche im fernen Süden; beide pflanzten einen Ölbaum. »Herr«, bat der eine, »sende erquickenden Regen, dass mein Bäumchen Wurzeln schlagen kann!« Und der Herr kam der Bitte nach.
»Nun bedarf es der Sonne«, sagte der fromme Mönch. »O Herr, lass den Himmel sich klären!« Da kam die Sonne und erwärmte die feuchte Erde.
»Jetzt müsste es eisig und kalt werden«, dachte der Mönch eines Tages, »denn die Baumrinde soll fest werden!« Und schon bald zierte silberner Reif die Rinde des Bäumchens – das Bäumchen aber ging ein.
Der traurige Mönch trat in die Zelle des Mitbruders und sagte: »Dein Baum steht frisch und blühend, und meiner ist eingegangen, trotz allem!« Und er erzählte, was er alles getan hatte.
Da sagte der andere Mönch: »Ich habe mein Bäumchen einfach in Gottes Hand gestellt, denn ich dachte mir, dass der Schöpfer aller Dinge, der ja auch die Bäume geschaffen hat, wohl am besten weiß, was gut für sie ist. Ich habe gar keinen Rat erteilt, sondern nur gebetet ›Vater, nimm dich seiner an!‹«

7
ICH FINDE EINEN WEG

Es waren einmal zwei kleine Grassamen, die tief in der Erde steckten. Ihre innere Stimme sagte ihnen, dass es Zeit sei, einen Sprössling zu bilden und zu wachsen. Das

taten sie dann auch. Nach einigen Tagen stießen sie beide mit dem Kopf an etwas Hartes und – wie es schien – Undurchdringliches.
»Ach«, seufzte der eine Samen, »hier geht es nicht weiter.«
Der andere Samen wollte nicht aufgeben: »Ich finde einen Weg!«, dachte er bei sich und ließ seinen Sprössling einfach an der harten Decke entlangwachsen. Das war mühsam und anstrengend, aber er war sich sicher, dass irgendwo etwas Wunderbares auf ihn warten würde. Und tatsächlich spürte er nach einigen Tagen, wie die harte Decke über ihm endete. Er mobilisierte nun noch einmal alle Kräfte und wuchs nach oben.
Neben der Straße durchbrach er die Erde, wo die Sonne auf ihn wartete.

8

DAS BÄUMCHEN UND DER VOGEL

Es geschah einmal, dass aus der Erde ein Pflänzchen herauswuchs. Es freute sich so sehr über das Licht und die Luft, dass es sich mit allen Kräften entfaltete und größer und größer wurde. Bald konnte man sehen, wie ein kleiner Baum dastand mit zarten Zweigen und Blättern in einem wunderschönen Grün.
Eines Tages ließ das Bäumchen seine Blätter traurig hängen, und auch die Äste neigten sich zur Erde.
Ein Vogel, der in dieser Gegend gerne in den Zweigen der Bäume sang, merkte das, flog herbei und fragte den jungen Baum, was geschehen sei.
»Ach«, klagte er, »ich will nicht mehr wachsen. Wenn ich alle die schönen, großen und starken Bäume um mich

sehe, wie sie ihre mächtigen Zweige gegen den blauen Himmel recken, dann denke ich: Das schaffst du nie!«
Der Vogel wiegte sich eine Weile auf dem noch sehr biegsamen Ast, auf den er sich gesetzt hatte, und dachte nach. Dann sagte er: »Du musst Geduld haben. Jeden Tag bekommst du so viel Sonne, Regen und Wind, wie du brauchst. Und auch ich werde in deinen jungen Zweigen singen, gerade so viel, wie du brauchst, um glücklich zu sein.«

9

GEBEN UND NEHMEN

Ein Mann hatte sich in der Wüste verirrt und war vor Durst fast zugrunde gegangen. Er schleppte sich nur noch dahin. Da kam er schließlich an ein vollkommen verlassenes Haus. Vor der verwüsteten, windzerstörten Fassade sah er eine Wasserpumpe. Er stürzte auf sie zu und begann wie verrückt zu pumpen. Aber es kam kein Tropfen Wasser.
Dann bemerkte er einen kleinen Krug mit einem Korkstöpsel und einer Notiz daran: »Sie müssen die Pumpe zuerst mit Wasser füllen, mein Freund! Und vergessen Sie nicht, den Krug nachzufüllen, ehe Sie von hier weggehen!« Der Mann zog den Korken aus dem Krug und bemerkte, dass dieser tatsächlich voll Wasser war.
Nun begann er mit sich selbst zu ringen: Sollte er wirklich das Wasser in die Pumpe gießen? Was, wenn das nicht funktionierte? Dann hätte er das ganze Wasser verschwendet! Wenn er aber aus dem Krug trank, konnte er zumindest sicher sein, dass er selbst nicht an Durst zu-

grunde gehen würde. Allerdings würde dann kein nach ihm Kommender mehr Wasser vorfinden! Aber was wäre, wenn er das Wasser tatsächlich aufgrund der mehr als fragwürdigen Instruktion an dem Krug in die rostige Pumpe goss? Eine innere Stimme riet ihm, dem Rat zu folgen und die riskante Entscheidung zu treffen. So machte er sich daran, den ganzen Krug Wasser in die rostige Pumpe zu gießen. Er hob und senkte wie wild den Schwengel und pumpte – und tatsächlich, plötzlich begann das Wasser aus dem Hals der Röhre zu schießen! Jetzt hatte der Mann mehr köstliches, erfrischendes Wasser, als er brauchte. Er stillte seinen Durst, füllte dann den Krug erneut, verkorkte ihn und fügte den Anweisungen auf dem Zettel noch einen Satz in seinen eigenen Worten hinzu: »Glaube nur, es funktioniert! Du musst der Pumpe alles geben, was du hast, ehe du etwas zurückbekommst!«

10

EIN BAUM DES VERTRAUENS

Auf einer Fahrt durch die Sinai-Halbinsel kamen wir durch ein Flusstal. Der Fluss – ein sogenanntes Wadi – war vertrocknet, aber es stand ein Baum dort. An den wenigen Blättern konnten wir sehen, dass er noch lebte, und der Fahrer sagte uns, dass er diesen Baum schon seit vielen Jahren kenne und er sicher noch viele Jahre dort stehen werde. Diese Art Bäume habe zwar wenige Blätter, aber sehr tiefe Wurzeln.

Das Merkwürdige an diesem Baum war aber ein Sack, der an einem seiner Zweige hing. Wir waren eigentlich seinetwegen neugierig geworden und fragten, was das sei. Der Fahrer erinnerte sich, der Sack hätte schon vor Monaten dort gehangen. Er gehöre sicher einer Nomadenfamilie, die ihn hier aufgehängt habe, um ihn nicht mitschleppen zu müssen. Meist enthielten solche Säcke kleine Vorräte an Wasser und Lebensmitteln. Wenn die Nomadenfamilie in einer Notlage hier vorbeikomme, dann könne sie sicher sein, dass sie hier noch etwas findet.

Das sei sicher riskant, meinten wir. Wie leicht könnte der Sack verschwunden sein, wenn die Nomadenfamilie zurückkäme! Der Fahrer war sich sicher: Kein Nomade gehe an einen solchen Sack, wenn er ihm nicht gehört. Ein Nomade wisse, wie wichtig es sei, sich aufeinander verlassen zu können.

Wir hielten nicht an, aber beim Weiterfahren schauten wir noch lange zurück zu diesem Baum, der für eine Nomadenfamilie ein wichtiger Ort des Vertrauens war – mitten in der Wüste.

11

DER BAUM UND DAS BÄUMCHEN

Stand ein alter, knorriger Baum ganz allein, und zu seinen Füßen strebte ein junger Baum zum Licht empor, ein Bäumchen.

Sprach der junge Baum zum alten Baum: »Sage mir, wie ist es, wenn man alt wird?«

Entgegnete der alte Baum: »Das kann dir niemand sagen. Werde alt, und du wirst es wissen.«

»Aber du weißt doch, wie du alt wurdest«, drängte der junge Baum.
»Zuerst«, erwiderte der alte Baum, »stand ich mit vielen anderen Bäumen dicht beieinander, und wir waren ein Wald. Alle strebten nach Licht und Sonne, und einer hielt sich am andern, wenn das Unwetter kam mit Blitz, Donner und Regen. Aber viele holte die Axt, oder sie verkümmerten. Wenige nur wuchsen hoch hinaus. – Und dann stand ich in einem Hain, weithin schattend in Licht, Sonne und Regen. Da war keiner, an den ich mich halten konnte, wenn die Blitze niederfuhren. Wir waren zu weit voneinander entfernt, um einander zu helfen. Um mich wurde es licht und lichter, und zuletzt stand ich allein, immer allein im Kampf mit Sturm und Regen, und auch immer allein in Licht und Sonne.«
»Ach so«, sprach der junge Baum, »so ist das. Zuerst steht man in einem Wald mit vielen zusammen, dann in einem Hain, und es sind nur noch wenige um dich, und oft sind die wenigen recht weit von dir, aber du hast, was du ersehnst, Licht und Luft. Und zuletzt steht man ganz allein mit allem, was man hat. Ich möchte nicht alt werden.«
Sagte der alte Baum: »Dann wirst du niemals wissen, wie es ist, wenn man alt wird.«
»Ist das der Mühe wert?«, fragte der junge Baum.
»Muss doch wohl sein«, erwiderte der alte Baum, »stünde ich sonst hier?«

12
DIE HOFFNUNG WÄCHST

Die Häsin lag sehr krank. Der Hase war viel auswärts, um den Alltag sicherzustellen, und die sieben Kinder waren sich im Wesentlichen selbst überlassen.

Da kam der Igel zu Besuch, brachte ein paar frische Kleeblätter mit und sagte: »Kommt Zeit, kommt Rat!« Gut gemeint; aber als er gegangen war, überlegte die Kranke: Wann kommt die Zeit, und welcher Rat wird es sein? – Tags drauf sah die Eule herein und meinte: »Gut Ding will Weile haben!« Sprach's und verabschiedete sich. Die Häsin dachte: Ich kann mir aber keine Weile leisten. – Als die Feldmaus durchs Fenster guckte, fiepte sie: »Kopf hoch, Frau Nachbarin, so trägt eben jeder sein Päckchen!« – Das ist schon kein Päckchen mehr, dachte die Kranke, und was soll das schon heißen: Kopf hoch?! Ich habe ja gar keine Kraft. – »Lassen Sie nur, es wird nichts so heiß gegessen wie gekocht!«, flüsterte das Reh an der Nestkante. Das war gut gemeint, aber die Häsin grübelte bitter: Was wissen die schon. Solchen Humor kann ich einfach nicht vertragen. Ich weiß nicht ein und aus. Die alte Katze sah auch kurz herein und erkundigte sich nach dem Befinden. »Es wird schon werden!«, meinte sie schnurrend und meinte es ja auch ehrlich. Doch die Kranke verzweifelte fast: Wer ist denn schon »es«, und was soll werden? Ich habe den Eindruck, dass überhaupt nichts wird. – Als dann der Maulwurf seine Hemmungen überwand und durchs Fenster rief: »Keine Sorge! Ende gut, alles gut!«, da empfand die Häsin nur noch Bitterkeit. Denn in der Küche tobten die Jungen, und nichts war fertig geworden. Dazu noch die eigene Angst. – Witzig sollte es klingen, als die Elster vom hohen Baum aus rief: »Kommen wir über den Hund, kommen wir über den Schwanz. Geduld, Geduld, Geduld!« – Können die alle sich denn gar nicht vorstellen, wie es mir zumute ist?, dachte die Kranke. Müssen die denn alle solchen gutgemeinten Unsinn reden? Das sind doch Sätze, die alles und nichts sagen. Schließlich kam das Rebhuhn zu Besuch, erzählte von draußen in einem Wortschwall ohne Ende und empfahl sich zum Schluss mit den Worten: »Wir werden sehen!« Was werden wir denn sehen?, zweifelte die Häsin, und wer ist schon »wir«?

Während sie noch voller Enttäuschung so nachdachte und merkte, dass all der gutgemeinte Trost im Grunde keiner war, kamen die Ameisen herein, grüßten kurz, stellten Feldblumen auf den Tisch, machten die Küche sauber, versorgten die jungen Hasen, waren bei alledem sehr leise und verabschiedeten sich ohne jeden Aufwand. Da trat so viel Ruhe ein, und vor allem: Die Hoffnung wuchs.

13

DAS GEHEIMNIS DES HOLZSCHNITZERS

Khing, der Meisterschnitzer, schnitt einen Glockenständer aus kostbarem Holz. Als er fertig war, meinten alle, die ihn sahen, das sei das Werk der Geister, so Schönes könne einem Menschen nicht gelingen.

Der Fürst von Lu fragte den Schnitzer: »Hast du ein Geheimnis?«

Khing erwiderte: »Ich bin ein Handwerker und habe kein Geheimnis. Es ist einfach so: Als ich über das Werk nachzudenken anfing, das du mir aufgetragen hattest, sammelte ich meinen Geist, dachte nicht mehr an Kleinigkeiten, die am Rande liegen. Ich fastete, damit mein Inneres zur Ruhe käme. Nach drei Tagen strengen Fastens hatte ich Lohn und Erfolg vergessen. Nach fünf Tagen dachte ich nicht mehr an Lob und Tadel. Nach sieben Tagen spürte ich meinen Körper nicht mehr und keines meiner Glieder.

Ich wusste nicht mehr, dass ich am Hofe Eurer Hoheit war. Alles, was mich von der Arbeit ablenken konnte, war fortgetilgt. Ich war auf den einen Punkt hin gesammelt: den Glockenständer.

Dann ging ich in den Wald und sah mir die Bäume an, wie sie gewachsen waren. Als ich dann den einzig richtigen Stamm erblickte, war die Figur des Glockenständers schon in ihm, ganz klar und rein. Ich ging an die Arbeit, und die Form des Glockenständers schälte sich wie von selbst heraus.

Hätte ich nicht jenen bestimmten Baum erblickt, gäbe es diesen Glockenständer nicht. Was eigentlich geschah? Mein einziger gesammelter Gedanke traf auf die verborgene Gestalt im Holz. Aus dieser Begegnung erwuchs das Werk, das ihr den Geistern zuschreibt.«

14
EINÜBEN IN DIE HOFFNUNG

Ein Boot in der Lagune. Ein alter Fischer – er steht am Bug, das Wurfnetz in den Händen. Seit einer halben Stunde sehe ich ihm zu. Er versteht sein Handwerk.

In vollendetem Kreis fällt das Netz ins Wasser. Er lässt es sinken. Wartet, bis der bleibeschwerte Rand den Boden berührt. Dann zieht er es hoch, behutsam, mit hoffenden Händen spürend, ob Leben im Netz ist oder ob der Wurf wieder einmal umsonst war.
Das Netz ist leer. Er schüttelt es aus, entfernt den Unrat, bereitet sich zum nächsten Wurf. Ich habe die Würfe gezählt: Dreiundzwanzigmal ist das Netz auf das Wasser geklatscht. Jedes Mal zog er es leer heraus.
Der alte Fischer weiß: Es gibt Tage, da muss man das Netz werfen wider besseres Wissen: zwanzigmal, fünfzigmal, hundertmal – weil es nötig ist, das Netz zu werfen – als Einübung in die Praxis der Hoffnung – weil nicht werfen aufgeben hieße – und aufgeben hieße, aufhören zu leben.

Wenn das Leben erwacht

15

MIT NEUER KRAFT WIEDER AUFBLÜHEN

Von meinem Großvater konnte ich viel lernen. Besonders gerne besuchte ich ihn in seinem Garten. Im Frühjahr half ich ihm dann, das Laub und die geschnittenen Äste und Zweige zu sammeln.

Den ganzen Winter über hatte es wie eine weiche Decke auf dem Boden gelegen und die Wurzeln geschützt. Jetzt musste es Platz machen für die neuen jungen Pflanzen. Gemeinsam räumten wir den Garten auf und suchten alles unter Sträuchern und Bäumen zusammen und trugen es auf einen großen Haufen.

Wenn es trocken war, zündete mein Großvater den Haufen an und ein großes Feuer fraß die Reste des vergangenen Jahres auf. Was übrig blieb, war ein kleines Häufchen qualmender Asche.

Kleine Stückchen in ihr erinnerten noch an die Äste. Aber das meiste war zu einem feinen schwarzen Pulver zerfallen. In dieser Asche steckten die Reste des vergangenen Jahres. Was im letzten Jahr als saftige grüne Blätter, bunte Blüten und Früchte wuchs, war gestorben, vertrocknet und im Feuer zu Asche geworden. In diesem Häufchen Asche steckte etwas vom Leben des Gartens aus dem vergangenen Jahr.

Deshalb wurde die Asche auch nicht weggeworfen. Denn jetzt wurden die Beete für die Aussaat vorbereitet. Mein Großvater grub die Erde auf und streute zum Samen und den jungen Pflanzen immer etwas von der Asche mit dazu. »Die Asche ist ein guter Dünger«, erklärte er mir. Wichtige Stoffe, die die jungen Pflanzen zum Leben brauchen, können sie aus der Asche bekommen. So ist in den Blättern und Gräsern, Blumen und Früchten des neuen Jahres immer auch etwas von den Pflanzen des vergangenen Jahres. Und so ist die Asche nicht nur ein Zeichen dafür, dass etwas gestorben und verbrannt ist, sondern auch dafür, dass das Leben mit neuer Kraft wieder aufblüht und neue Früchte bringt.

16

EIN WENIG LEBEN SPENDEN

Einmal herrschte eine große Trockenheit in einem Gebiet südlich der Sahara. Das Steppengras kümmerte dahin, die Tiere fanden kein Wasser mehr, die Wüste war ständig im Vormarsch. Selbst dicke Bäume und an Dürre gewohnte Sträucher sahen ihrem Ende entgegen. Brunnen und Flüsse waren längst versiegt.

Nur eine einzige Blume überlebte die Trockenheit. Sie wuchs nahe einer winzigen Quelle. Doch auch die Quelle war dem Verzweifeln nahe: »Wozu mühe ich mich wegen dieser einzigen Blume, wo doch ringsum schon alles dürr ist?«

Da beugte sich ein alter Baum über die kleine Quelle und sagte, ehe er selbst starb: »Liebe kleine Quelle, niemand erwartet von dir, dass du die ganze Wüste zum Grünen bringst. Deine Aufgabe ist es, einer einzigen Blume Leben zu spenden, mehr nicht.«

17
WO LIEBE SICH HINGIBT

Ein starker Wind trieb eine kleine Wolke, die gerade über dem Mittelmeer geboren worden war, in den goldenen Sand der Sahara. Eine junge Düne, die gerade der Wind gebildet hatte, sagte ihr: »Weißt du, dass wir in der Wüste den Regen das ›Paradies‹ nennen? Weil wir danach mit Kräutern und Blumen übersät sind.« Die Wolke lächelte: »Ich finde dich schön und würde gerne bei dir bleiben!«
»Aber du wirst sterben, wenn du dein schönes weißes Haar in Regen verwandelst!«, antwortete die Düne.
»Die Liebe stirbt nie, sie verändert sich nur«, sagte die Wolke mit Überzeugung und liebkoste die Düne mit kleinen Tropfen, bis ein Regenbogen erschien.
Am nächsten Tag war die kleine Düne mit Blumen übersät. Andere Wolken ließen verzückt ebenfalls Regen fallen.
Und nach zwanzig Jahren war aus der Düne eine Oase geworden, die Reisende im Schatten der Palmen erfrischte.

18
DIE BLUME IN DER WÜSTE

Es war einmal eine kleine Blume, die stand mitten in der Wüste. Täglich wartete die kleine Blume auf einen Regentropfen. Immer hatte man ihr erzählt, wie wichtig und schön der Regen sei. Doch wenn es wirklich nach Regen roch, kamen die Geier und fingen alle Hoffnung ab. Mit Mühe hielt sich die kleine Blume im lockeren

Boden und hatte einfach Angst. Angst vor der sengenden Hitze, Angst vor der Einsamkeit, Angst vor dem nächsten Sturm. Ein Kolibri sah ihre Traurigkeit und sagte dies den anderen Tieren weiter.
Der Stier hatte kein Interesse. Für ihn galt nur, was stark ist. Auch der Bernhardiner blieb kalt, ihn rührte nichts. Sein Hobby war die Langeweile. Und die Elster, die immer so große Töne schwang, sagte, sie habe zu viele Termine und wirklich keine Zeit.
Da war der Kolibri verzweifelt, denn was sollte er tun, ausgerechnet er, der kleinste unter den Vögeln?
Da schwirrte er kurz entschlossen zu den Ameisen und berichtete ihnen von den großen Traurigkeiten der Blume. Ohne zu zögern, bildeten die kleinen Tiere eine lange Kette, schleppten Grassamen und Früchte bis an die Wurzel des Kummers, benetzten alles ein wenig mit Tau, und es dauerte nicht lange: da wuchs Leben mitten in der Wüste, und die kleine Blume entwickelte sich zu einem strahlenden Glanz, den ihr niemand zugetraut hatte.
Und alles war nur möglich, weil der Kolibri die Ameisen benachrichtigt hatte.

19

DIE GESCHICHTE VOM BAMBUS

In einem großen Garten wuchs ein Bambusbaum. Der Herr des Gartens hatte seine Freude an ihm. Von Jahr zu Jahr wurde er kräftiger und schöner.
Eines Tages aber blieb er vor ihm stehen und sagte: »Lieber Bambus, ich brauche dich!«

Der Baum antwortete: »Herr, ich bin bereit, gebrauche mich, wie du willst.«
Die Stimme des Herrn wurde ernst: »Um dich zu gebrauchen, muss ich dich beschneiden!«
Der Baum erzitterte: »Mich beschneiden? Deinen schönsten Baum im Garten? Nein bitte, das nicht, bitte nicht! Verwende mich doch zu deiner Freude, Herr, aber beschneiden ...!«
Der Herr sagte noch ernster: »Wenn ich dich nicht beschneide, kann ich dich nicht gebrauchen.«
Im Garten wurde es ganz still. Der Wind hielt den Atem an. Langsam beugte der Bambus seinen herrlichen Kopf und sagte leise: »Herr, wenn du mich anders nicht gebrauchen kannst, dann beschneide mich!«
Doch der Herr fuhr fort: »Mein geliebter Bambus, ich werde dir auch deine Blätter und Äste abschneiden!«
»Ach, Herr, davor bewahre mich. Zerstöre meine Schönheit, aber lass mir bitte Blätter und Äste!«
»Wenn ich sie dir nicht abschneide, kann ich dich nicht gebrauchen!«
Die Sonne versteckte ihr Gesicht. Ein Schmetterling flog ängstlich davon. Bis ins Mark getroffen, flüsterte der Bambus: »Herr, schlag sie ab!«
»Mein geliebter Bambus, ich muss dir noch mehr antun. Ich muss dich mitten durchschneiden und dein Herz herausnehmen. Wenn ich das nicht tue, kann ich dich nicht gebrauchen!«
Da neigte sich der Bambus bis zur Erde: »Herr, schneide und teile!«
So schnitt der Herr des Gartens den Bambus, hieb seine Äste ab, streifte seine Blätter fort, teilte ihn in zwei Teile und schnitt sein Herz heraus. Dann trug er ihn mitten

durch die trockenen Felder in die Nähe einer Quelle. Dort verband er mit dem Bambusstamm die Quelle mit der Wasserrinne im Feld. Und das klare, glitzernde Wasser schoss durch den zerteilten Körper des Bambus in den Kanal und floss auf die dürren Felder, um eine reiche Ernte möglich zu machen.
So wurde der herrliche Bambus erst zum großen Segen, als er gebrochen und zerschlagen war.

20

DAS MÄRCHEN VOM VEILCHEN AM NORDPOL

Alle sind erstaunt: Ein Veilchen, das vor Frost zittert, durchdringt mutig mit seinem süßen Duft die eisige Luft, die es umweht. In der Nacht erbebt darum der ganze Pol, und das ewige Eis erzittert und bricht an manchen Stellen wie Glas. Und das Veilchen duftet, als wolle es die unendliche Eiswüste auftauen. Als es schließlich an Überanstrengung stirbt, denkt es: »Es musste doch irgendjemand mit Duften anfangen! Eines Tages werden Millionen Veilchen hier blühen: Das Eis wird auftauen. Es wird hier Inseln geben und Häuser und Kinder …«

21

WASSER ZUM LEBEN

Es war einmal ein alter und gerechter König, der spürte, dass seine Lebenskraft von Tag zu Tag weniger wurde. So versammelte er seine drei Kinder um sich und gab ihnen folgende Aufgabe: »Es gibt einen Wald und darin ist eine

Quelle mit dem Wasser des Lebens. Meine Lebenskraft geht dem Ende zu und nur dieses Wasser kann mich retten. Ich bitte euch, dieses Wasser für mich zu suchen und diesen Tonkrug damit zu füllen.«

Die drei Kinder wollten ihrem Vater helfen und jedes versuchte es auf seine Weise. Das Älteste begann, in Büchern zu forschen und befragte weise, alte Menschen.

Das Zweite versammelte alle seine Freunde um sich und sie durchsuchten mit Hunden und Spürgeräten jeden Winkel des Landes.

Die jüngste Tochter aber, von der man sagte, sie sei ein wenig verträumt, ging einfach los und folgte ihrem Herzen. Als sie drei Tage gewandert war, war sie so müde, dass sie sich kaum noch auf den Beinen halten konnte.

Da begegnete sie einem Fuchs. Der Fuchs fragte: »Mein Kind, wohin des Weges?«

»Ach, guter Fuchs, ich suche einen Wald und darin eine Quelle mit dem Wasser des Lebens. Aber ich habe schon hundert Wälder durchsucht und nichts gefunden. Jetzt bin ich müde.«

»Ich kenne einen Wald, er liegt gleich dort hinter dem Hügel, aber du musst dich beeilen, denn du musst ihn vor dem Einbruch der Dunkelheit erreichen«, sprach der Fuchs.

So ging die Königstochter weiter und tat, wie ihr der Fuchs geraten hatte. Als sie am Waldrand stand, hörte sie ein lautes Wasserrauschen. Doch eine alte, knorrige Fichte versperrte ihr mit ihren Ästen den Weg.

»Wohin willst du denn so eilig, mein Kind?«

»Ich suche eine Quelle mit dem Wasser des Lebens. Ihr Rauschen kann ich schon hören. Bitte, lass mich gehen, mein Vater ist sehr krank.

»Nicht so eilig, lass dich nicht täuschen von lauten Geräuschen. Sonst wirst du die Quelle nie finden. Du musst auf das Leise, Zarte hören«, antwortete die Fichte.
So ging die Königstochter und tat, wie ihr die Fichte geraten hatte. Als sie plötzlich ein leises Murmeln vernahm, folgte sie dem Geräusch und sah vor sich einen moosbewachsenen Felsen, aus dem ein kleines Bächlein floss.
»Das muss das Wasser des Lebens sein«, dachte das Mädchen.
Überglücklich füllte es seinen Krug damit und machte sich sogleich auf den Heimweg.
Bei Morgengrauen kam die Tochter am Bett ihres Vaters an.
Der Vater war sehr froh und umarmte seine Tochter. »Du, meine Tochter, du hast das Wasser des Lebens gefunden. Du hast auf dein Herz gehört. Du wirst eine gerechte und gute Königin werden. Ich gebe das Reich in deine Hände, weil Hände das sichtbar machen, was im Herzen ist.«

22

WANN DIE SEELE NEUES LEBEN SCHÖPFT

Zwei Mönche hielten im Psalmengebet inne, als sie an die Stelle kamen: »Den Seinen gibt's der Herr im Schlaf.«
»Bruder«, fragte der jüngere Mönch, »was bedeutet dieses Wort?«
Der Erfahrenere antwortete: »Als Gott den Menschen erschaffen hatte, dass er die Erde hüte, bebaue und pflege, schenkte er ihm für seine Arbeit den Tag. Gott selber wählte sich zum Wirken die Nacht. Und seither steigt,

wenn der Mensch schläft, die Seele in den Himmel und schöpft bei Gott neues Leben.«

23
LUFT IST LEBEN

Die Vögel des Himmels sprachen zueinander: »Man behauptet, dass unser Leben von der Luft abhängt. Aber wir haben die Luft noch nie gesehen. Wir wissen nicht, was Luft ist.«
Da sagten einige, die klüger waren als die anderen: »Wir wollen zu dem weisen Vogel fliegen, der im Wald wohnt, und ihn befragen.«
Und so geschah es. Sie brachten ihre Fragen zu dem weisen Vogel im Wald.
»Ihr einfachen Gemüter«, sprach der weise Vogel. »Ihr lebt und bewegt euch doch in der Luft. Und wenn ihr nachdenkt, dann wisst ihr mehr über die Luft, als ihr glaubt. Ihr habt die Luft schon gesehen, als die Nebel im Tal zogen und als die Luft die Blätter an den Bäumen bewegte. Und habt ihr sie nicht auch gespürt, als die Stürme im Frühjahr euch in große Höhen trugen und euer Gefieder zerzausten? Gäbe es die Luft nicht, so gäbe es kein Leben für euch.«

24
EIN EINZIGER TAUMEL

Eine Raupe kroch langsam über den Ast eines blühenden Strauches. Bedächtig schob sie ihren schweren Körper über ein Blatt und begann gerade genussvoll ihre Mahlzeit, als ein Schmetterling neben ihr landete.

»Ach, du Arme«, sagte sie, »auch ich musste mich einst so plagen.«

Misstrauisch blickte die Raupe auf, musterte die langen Beine, die schillernden Flügel, die tastenden Fühler. Was wollte diese verrückte Fremde? Sie sollte sich nur nicht einbilden, etwas abzubekommen von diesem dicken Blatt. Rasch fraß sie sich weiter vor.

»Wie gut hat mir solch saftiges Grün immer geschmeckt«, erzählte der Schmetterling.

»Aha«, dachte die Raupe.

»Kannst du dir vorstellen …«, wollte der Schmetterling fortfahren, als die Raupe ihr schon unwirsch ins Wort fiel: »Nein, ich kann mir nicht vorstellen, dass ich dir von meiner Mahlzeit etwas abgebe. Streng dich selbst an und mach dich fort von hier.«

Erstaunt sah der Schmetterling sie an: »Nein, nein, du hast mich falsch verstanden. Ich will dir nichts wegnehmen.

Du sollst nur wissen: All das hier wird sich ändern für dich, das Kriechen, das Fressen. Alles wird anders riechen, anders schmecken, sich anders anfühlen. Hör zu: Lange Zeit kroch ich wie du schwerfällig die Stängel und Äste hinauf, gierig nach dem frischesten Grün. Keine Mühe war mir zu viel, das Fressen war mein Leben. Aber eines Tages änderte sich mein ganzes Leben. Erst hörte

ich zu fressen auf, dann zog ich mich zurück in einen dunklen Kokon, bis ich ins Licht zurückdurfte. Seitdem fliege ich wie schwerelos über das Grün. Ich verstehe eine ganz neue Sprache, die Duftsprache der Blüten, und lebe von nichts als ihrem Nektar. Ein einziger Taumel von Duft und Farben und Süße, das ist meine neue Welt – und auch du kannst dich gar nicht genug freuen darauf. Das wollte ich dir sagen.«
Die Raupe hatte ihr Blatt derweil vertilgt und nahm unbeeindruckt das nächste in Angriff. »Duft, Süße, Taumel? Ich hatte es mir ja gleich gedacht, eine Verrückte.«

25

DAS BÄUMCHEN

In einer Straße in der Nähe des Altenheims war hinter einer Mauer ein kleiner Garten. Dorthin gingen die alten Menschen, setzten sich auf die Bänke und genossen das Grün der Wiese und die bunten Blumen.
Eines Tages beobachtete ich eine alte Frau mit einer kleinen orangen Plastikgießkanne, die sich auch auf eine der weiß gestrichenen Bänke setzte. Sie blickte lange auf die Rasenfläche, in deren Mitte ein kleiner Baum stand, der so aussah, als würde er um sein Leben kämpfen. Vielleicht war die Humusschicht zu dünn, die man aufgetragen hatte, vielleicht enthielt der Boden Gifte, die sich aus der Luft der Stadt niedergeschlagen hatten, vielleicht war er schon zu oft umgesetzt worden, vielleicht fehlte dem Baum auch die Sonne, die sich oft allzu bald hinter der Mauer versteckte – was auch immer: Der Baum war ein Kümmerling, mager, mit dünnen Ästen, die kläglich in

die Luft ragten. Matt hingen seine Blätter, zu Früchten reichte seine Kraft nicht.
Auch am nächsten Tag sah ich wieder die Frau und wieder hatte sie ihre Gießkanne vorsichtig neben die Parkbank gestellt. Sie sah wieder dem Bäumchen zu, wie der Wind seine Zweige bewegte und wie ein kleiner Vogel sich auf einem Ast schaukelte. Dann stand sie auf, ging zum Bäumchen und goss es und ging wieder in ihr Heim zurück.

26 EINE HANDVOLL BOHNEN

In Italien kursiert die Geschichte von einem Grafen, der sehr alt wurde, weil er ein Lebensgenießer par excellence war.
Niemals verließ er sein Haus, ohne sich zuvor eine Handvoll Bohnen einzustecken.
Er tat dies nicht etwa, um die Bohnen zu kauen, er nahm sie mit, um so die schönen Momente des Tages bewusster wahrnehmen und um sie besser erzählen zu können.
Für jede angenehme Kleinigkeit, die er tagsüber erlebte – zum Beispiel ein nettes Gespräch auf der Straße, das Lächeln seiner Frau und das Lachen seiner Kinder, ein köstliches Mahl, eine feine Zigarre, einen schattigen Platz in der Mittagshitze, ein Glas guten Weines – kurz: für alles, was die Sinne erfreute, ließ er eine Bohne von der rechten in die linke Jackentasche wandern.
Manche Begebenheit war ihm gleich zwei oder drei Bohnen wert.

Abends saß er dann vor dem Haus und zählte die Bohnen aus der linken Tasche.
Er zelebrierte diese Minuten.
So führte er sich vor Augen, wie viel Schönes ihm an diesem Tag widerfahren war, und freute sich des Lebens.
Und sogar an einem Abend, an dem er bloß eine Bohne zählte, war der Tag gelungen, hatte es sich zu leben gelohnt.

Da sprossen Blumen in meinem Garten

27
SORGEN WERDEN ZU BLUMEN

Im Herbst sammelte ich alle meine Sorgen und vergrub sie in meinem Garten.
Und als der April wiederkehrte und der Frühling kam, die Erde zu heiraten, da wuchsen in meinem Garten schöne Blumen, nicht zu vergleichen mit allen anderen Blumen. Und meine Nachbarn kamen, um sie anzuschauen, und sie sagten zu mir: »Willst du uns, wenn der Herbst wiederkommt, zur Saatzeit, nicht auch Samen dieser Blumen geben, damit wir sie in unseren Gärten haben?«

28
DIE BLÜTE

Ein Gärtner hatte aus der Frucht einer schönen Rose eine neue Pflanze gezogen. Er wartete Jahr um Jahr, dass sie Blüten brächte. Aber der Strauch entwickelte nur Stacheln, zahlreiche harte, schmerzhafte stechende Spitzen. Beim Bearbeiten des Bodens unter der Pflanze bluteten ihm die Hände. Eines Tages beschloss er, den Dornstrauch auszuhacken und zu verbrennen.
Bevor er seine Werkzeuge an die Wurzel anlegte, betrachtete er noch einmal den Busch, um sich dann endgültig von ihm zu trennen. Da entdeckte er an einem kräftigen Zweig eine Knospe. Nein, dachte er, jetzt will ich ihn nicht fällen. Erst muss ich sehen, was aus dieser Knospe wird.
Jeden Tag ging er zu der sich entwickelnden Blüte, gab der Pflanze Nahrung und entfernte mit blutenden Händen wild wachsende Kräuter und Gräser aus ihrem Wurzelbereich.

Eines Morgens öffnete sich die fertige Rose, und der Gärtner konnte sich nicht sattsehen an ihrer Schönheit. Ihr Duft erfüllte den Garten und erfreute ihn. Seine blutenden Hände vergaß er nicht, aber sie fielen nicht mehr ins Gewicht beim Anblick der herrlichen Blüte. Er sah, dass auch andere Zweige Knospen angesetzt hatten, und es wurde ihm bewusst, dass nur dieser Strauch zwischen seinen Stacheln zu seiner Zeit solche Blüten hervorbringen konnte.

29

DIE FRÜCHTE DER ARBEIT GENIESSEN

Ein Weiser mit Namen Choni ging einmal über Land und sah einen Mann, der einen Johannisbrotbaum pflanzte. Er blieb bei ihm stehen, sah ihm zu und fragte: »Wann wird das Bäumchen wohl Früchte tragen?« Der Mann erwiderte: »In siebzig Jahren.«
Da sprach der Weise: »Du Tor! Denkst du in siebzig Jahren noch zu leben und die Früchte deiner Arbeit zu genießen? Pflanze lieber einen Baum, der früher Früchte trägt, dass du dich ihrer erfreust in deinem Leben.«
Der Mann aber hatte sein Werk vollendet, sah freudig darauf und antwortete: »Rabbi, als ich zur Welt kam, da fand ich Johannisbrotbäume und aß von ihnen, ohne dass ich sie gepflanzt hatte, denn das hatten meine Väter getan. Habe ich nun genossen, wo ich nicht gearbeitet habe, so will ich einen Baum pflanzen für meine Kinder oder Enkel, dass sie davon genießen. Wir Menschen mögen nur bestehen, wenn einer dem anderen die Hand reicht. Siehe, ich bin ein einfacher Mann, aber wir haben ein Sprichwort: Gefährten oder Tod.«

30
DIE ERSCHAFFUNG DER ROSE

Als Gott die Welt erschaffen hatte mit all ihren Wundern und ihrer Schönheit, war er über sein Werk überglücklich. Und wie er alles so betrachtete, kam der Wunsch in ihm auf, der Erde noch etwas zu schenken, etwas, was seine Stimmung widerspiegeln sollte – seine Freuden, seine Verbundenheit mit den Menschen und seine Hoffnungen. Nach langem Überlegen entschied er sich für eine Blume. Er gab dieser Blume zuerst starke Wurzeln, die im Erdreich fest verankert waren. Daraus sollte ein gerader und fester Stängel wachsen mit kleinen, feinen Blättern dran. Stiel und Blätter bekamen eine satte grüne Farbe. Oben ans Stielende, da setzte er eine Knospe, die zu einer wunderschönen Blütenrosette aufplatzte, sobald die Sonne darauf schien. Die Blüte bestand aus unzähligen, seidenweichen, purpurroten und leicht gewellten Blütenblättern. Wenn die Blüte voll geöffnet war, entströmte ihr ein fast betäubender süßer Duft.

Gott betrachtete die Blume und sie gefiel ihm ausgesprochen gut. Die Wurzeln, so dachte Gott, die sollen für meinen Glauben an die Menschen stehen, dass sie immer an mir festhalten und mir vertrauen.

Der grüne Stängel mit seinen Blättern soll für meine Hoffnung stehen. Für meine Hoffnung, dass die Menschen die Schöpfung bewahren, und für meine Hoffnung, dass die Menschen etwas Gutes aus ihrem Leben machen. Dass sie mit der Freiheit, sich selbst entscheiden zu können, verantwortungsbewusst umgehen.

Die Blüte aber soll für meine unendliche Liebe stehen, die ich für die Menschen fühle. Für mich sind alle Men-

schen gleich. Alle Menschen sollen respektvoll miteinander umgehen. Sie sollen sich achten und lieben, helfen und füreinander da sein. Jeder Mensch ist einzigartig und wertvoll.
Wenn die Menschen sich auf mich einlassen, dann werden sie gehalten und getragen von starken Wurzeln, einem festen Stängel, und sie werden sich zu einer wunderschönen Blüte entfalten, aus der die Liebe ausströmt wie ein süßer Duft.
Gott betrachtete sein Werk. Jetzt brauchte er nur noch einen Namen für seine Blume. Er nannte sie »Rose«. Und wo auch die Rose erblühte, sie erfreute die Menschen, berührte ihre Sinne und öffnete die Herzen. Oft wurde sie als Zeichen inniger Liebe verschenkt.
Doch nichts ist vollkommen, auch die Menschen nicht. So fügten sich im Laufe der Zeit die Menschen viel Leid zu. Sie führten Kriege, stritten und hassten sich; zerstörten Gottes Schöpfung, verspotteten ihn und wandten sich von ihm ab. Ja, die Menschen töteten sogar seinen Sohn. Und jedes Mal war es Gott, als würde ein Stachel sein Herz verletzen; es schmerzte ihn unendlich.
Da ließ Gott Stacheln an den Rosen wachsen. So steht die Rose nicht nur für die Liebe, sondern auch für Leid und Schmerz.
Bis heute aber ist die Rose die Königin unter den Blumen und die Blume der Liebe geblieben. Und auch Gott hält immer noch zu uns Menschen – trotz all unserer Fehler und Unvollkommenheit. Und solange die Rose ihren süßen Duft verströmt, so lange wird auch Gott seine Liebe unter uns verströmen.

31
DER WEISE UND DER BETTLER

Eines Tages klopfte ein Bettler an Mengtses Tür. Er trug zerschlissene Schuhe, durch die sich die nackten Zehen zwängten, und war in Lumpen gekleidet, die notdürftig seines Leibes Blöße bedeckten. Die Haare hingen ihm ungekämmt in das schmutzige Gesicht.

»Du bist ein berühmter Weiser, Herr, und darum weißt du auch, wie bitter Armut ist. Siehe, ich bin sehr arm.«

»Ich weiß«, sagte Mengtse, »aber das wusste ich nicht, Bruder, dass Armut schmutzig ist.«

»Siehe, Herr«, erwiderte der Bettler, »ich habe nichts, gar nichts. Die Menschen meiden mich und gehen mir aus dem Wege – keiner gibt mir etwas, und alle halten die Hand auf der Tasche.«

»Und was gibst du ihnen?«

»Herr«, antwortete der Bettler, »was könnte ich ihnen geben? Ich habe nichts.«

»Du hast sehr viel – du bist reich, wenn du nur willst.«

»Und ob ich will«, rief der Bettler, »aber ich merke nichts davon.«

»Kein Mensch ist arm«, sagte Mengtse, »denn jeder hat einen unerschöpflichen Schatz von Liebe. Davon braucht er nur auszuteilen, und er erhält so viel wieder, als er nur braucht.«

»Du spottest meiner«, erwiderte der Bettler, »wie könnte ich Liebe austeilen, da keiner etwas von mir nehmen will?«

»Weil du nur nehmen, aber nicht geben willst. Flicke deine Schuhe und dein Kleid. Wasche dich und kämme deine Haare. So, wie du bist, wirst du jeden abschrecken.

Salbe dein Antlitz mit dem Widerschein innerer Güte, und du wirst nicht ausgestoßen sein. Schenke aus der Fülle deiner Liebe und dir wird wiedergeschenkt werden, mehr als du brauchst. Aber fordere nicht und erwarte nicht, dass man dich beschenkt. Nimm das statt eines Geldstückes, denn dieser Rat ist mehr wert als Geld und Gut. Nun ziehe deines Weges, Bruder, und beherzige meine Worte.«

Der Bettler ging und grollte dem Weisen, der ihm statt des erwarteten Geldstücks leere Worte gegeben hatte. Aber er konnte die Worte Mengtses trotzdem nicht vergessen. Sie blieben lebendig in seinem Herzen, wenn auch die Enttäuschung in ihm grollte und er den Weisen einen Geizhals nannte, der ihn auf billige Weise abgefertigt habe. War nicht der berühmte Weise ein noch berühmterer Zauberer?

Als er an den Tempel des Laotse unter den drei Wacholderbäumen kam, beugte er sich über das Becken, in das der Wasserstrahl beschwörend die Worte Mengtses sprach: »Wasche dich – wasche dich!«

Er konnte nicht widerstehen und wusch sein Gesicht. Als er es wieder in dem geglätteten Spiegel des Beckens betrachtete, musste er lächeln, denn es schien ihm mit dem Widerschein innerer Güte gesalbt und anders als zuvor. Er strich die Haare aus dem Gesicht und nahm sich vor, Schuhe und Kleider zu flicken.

Da sah er einen Lahmen, der aus dem Tempel kam und dem die Krücke entfallen war. Aber keiner trat hinzu, sie aufzuheben.

Der Bettler trat hinzu, bückte sich, hob die Krücke auf und half dem Lahmen weiter. »Bruder«, sagte der Lahme, »du hast schlechte Kleider, aber ein gutes Herz. Willst du mich nach Hause geleiten, so will ich dir bessere Schuhe und einen guten Rock schenken.«

So kam der Bettler noch am selben Tag zu einem neuen Kleid, und fast hörbar klangen in ihm die Worte Mengtses wider: »Schenke aus der Fülle deiner Liebe, so wirst du wieder beschenkt werden.«

Gerüstet mit dem guten Willen, Liebe zu verschenken, ging er seinen Weg. Und so viel er gab, immer wurde ihm wiedergeschenkt: ein freundliches Lächeln, ein dankbarer Blick, ein gütiges Wort, ein Stück Brot oder eine Mahlzeit, auch wohl ein Stück Geld. Er fühlte sich nicht mehr ausgestoßen aus der Gemeinschaft der Menschen und hatte mehr als je zuvor.

Da wusste er, wie wahr der Weise gesprochen hatte: Kein Mensch ist arm, denn jeder hat einen unerschöpflichen Schatz von Liebe, davon braucht er nur auszuteilen, und er erhält so viel wieder, wie er nötig hat.

Seitdem ging es mit dem Bettler wieder aufwärts, sodass man ihn auch äußerlich nicht mehr wiedererkennen konnte. Er stieg den steinigen Weg zur Höhe der Achtung seiner Mitmenschen hinan, innerlich und äußerlich gewandelt.

Als Mengtse am Laternenfest zum Tempel des Laotse unter den drei Wacholderbäumen ging, traf er auf den Bettler, der am Brunnen lehnte und dem Fall des Wasserstrahls in das Becken lauschte. »Bruder, was tust du hier?«, fragte Mengtse.

»Ich bin immer auf dem Weg zu dir und lausche deinen Worten, wie sie zuerst aus dem fallenden Wasser dieses Brunnens an mein Ohr schlugen und seitdem aus allem zu mir sprechen, was mich umgibt und mir begegnet. Ich danke dir.«

»Bruder, wenn du auf dem rechten Weg bist, danke dem Ewigen, dessen bescheidenes Werkzeug wir sind. Gott ist die Liebe, und wo wir Liebe schenken, sind wir nur die von ihm bestellten Austeiler seines unerschöpflichen Reichtums.«
Und sinnend stieg er langsam die Stufen des Tempels empor.

32

MIT DEM HERZEN SEHEN

Bei meinem täglichen Spaziergang durch den Park hatte ich neulich eine wundersame Begegnung: Ich beobachtete, wie eine junge Frau mit Staffelei und Malutensilien bepackt über eine Wiese ging und sich einen Platz vor einem Blumenbeet aussuchte. Das Ungewöhnliche an dieser Erscheinung – ihr Blindenstock in der rechten Hand. Sogleich richtete sie sich ihren Standort ein, stellte die Staffelei auf, legte ein weißes Blatt Papier darauf und ordnete ihre Pinsel und Farben. Dann hielt sie einige Minuten inne, bevor sie sich an ihr Werk begab.
Ich trat schließlich näher, um ihr über die Schulter zu schauen. Da begrüßte sie mich, als hätte sie mich längst erwartet.
»Wie können Sie so wunderbar malen?«, fragte ich.
Sie antwortete lächelnd: »Ich rieche den Duft der Rosen und des Flieders dort drüben, ich höre die Amseln zwitschern. Da fällt es mir nicht schwer, alles aufs Bild zu bringen!«
»Aber weshalb?«, bohrte ich weiter. »Sie können Ihr eigenes Kunstwerk doch gar nicht betrachten!«

»Ach, ich male gerne, liebe die Natur und – ich male es auch für Sie!«
»Für mich? Sie kennen mich doch gar nicht!«
»Nein, aber ich wusste, jemand kommt näher und ich habe Gelegenheit, mich mit ihm zu unterhalten!«

33 DER GÄRTNER UND DER ROSENSTOCK

Es war einmal ein Gärtner. Der konnte sich nicht entscheiden, ob er die Frau, die er liebte, nun heiraten sollte oder nicht. Eigentlich sprach nichts dagegen. Er fühlte sich in ihrer Nähe wohl, konnte mit ihr sowohl ernsthafte Gespräche führen als auch lachen, war für gemeinsame Kinder offen und wollte mit ihr zusammen alt werden. Aber natürlich beinhaltete ein lebenslanges Ja auch gewisse Risiken. Jeder kam aus einem anderen Elternhaus und würde manches in die Ehe einbringen, das zu einem Streit führen konnte. Auch änderten sich viele Menschen im Laufe der Zeit. Was wäre, wenn sie sich auseinanderlebten? Würde ihre Liebe diesen Belastungsproben standhalten können? Grübelnd stand der junge Gärtner beim Rosenbeet und kam zu keiner befriedigenden Antwort.
Da näherte sich ein alter Mann, der für seine Frau einen Rosenstock kaufen wollte. Der Gärtner wusste, dass dieser Mann seit vielen Jahren glücklich verheiratet war. Also bat er ihn um Rat. Doch der alte Mann war so mit dem Aussuchen des Rosenstocks beschäftigt, dass es so wirkte, als habe er die Frage überhört. Er betrachtete jede Pflanze, roch an den Rosenblüten, begutachtete die Sta-

cheln, zählte sogar die vorhandenen Knospen und blieb schließlich vor einem Rosenstock mit unzähligen dunkelroten Blüten stehen. Der Gärtner beglückwünschte den alten Mann: »Sie haben eine gute Wahl getroffen. Dieser Rosenstock ist wirklich etwas ganz Besonderes.«
Der alte Mann blieb jedoch unsicher und entgegnete: »Ich kann mich nicht entscheiden, ob ich ihn wirklich nehmen soll. Oberflächlich betrachtet ist diese Pflanze makellos. Aber wer weiß, was sie für Wurzeln hat.«
»Schauen Sie die kräftigen Blüten und die dicken Blätter an«, sagte der Gärtner. »Der Rosenstock muss einen gesunden Wurzelstock haben, sonst wäre er nicht so gewachsen.« »Ja, das mag stimmen«, meinte der alte Mann. »Aber wer garantiert mir, dass der Rosenstock im nächsten Jahr auch so wunderbar wächst und blüht?«
»Im Moment deutet alles darauf hin«, erwiderte der Gärtner. »Aber das weitere Wohlergehen des Rosenstocks hängt natürlich auch von Ihnen ab.«
Da lächelte der alte Mann und sagte: »Ebenso verhält es sich auch mit dem Partner, den man heiraten möchte.«
Er bezahlte den Rosenstock und ließ einen nachdenklichen Gärtner zurück, der schon bald eine wichtige Entscheidung fällen sollte.

34

REICH BESCHENKT!

»Wissen Sie«, sagte der Alte, als ihn ein Besucher nach der Liebe fragte, »in unserem Garten steht ein alter Apfelbaum. Schon im Jahr, als wir heirateten, stand er dort, und schon damals war er in die Jahre gekommen. An dem

Tag unserer Hochzeit aber, in jenem Mai, stand er in voller Blüte. Über und über war er voll mit leuchtend weißen Blüten, sodass man das alte Holz in den Ästen unter dem Blütenmeer nur noch vermuten konnte.
Im Herbst dann brachen die Äste beinahe unter der süßen Apfellast.
Im Frühjahr darauf wartete ich jedoch vergeblich auf die Blüten und auch der Herbst brachte keine Früchte. Das war mir seither nie aufgefallen – aber der Baum – er blüht nur jedes zweite Jahr, und nur jeden zweiten Herbst reifen die Äpfel.
Nun fragen Sie mich nach der Liebe?
Vielleicht ist sie wie dieser Apfelbaum.
Nicht jeder Tag bringt strahlende Blüten oder reiche Ernte.
Aber wenn ich heute an die Liebe denke, so sehe ich mich staunend, mit offenem Mund und voller Freude unter dem blühenden Apfelbaum stehend.
Wenn ich heute an die Liebe denke, so sehe ich mich körbeweise Früchte ernten.
Sicher, da waren Zeiten ohne Blüte und ohne Früchte. Aber wenn Sie mich heute nach der Liebe fragen, so nehme ich Sie mit in meinen Garten zu einem alten Baum. Und ich sage Ihnen: Die Liebe ist wie er. Sie hat mich immer wieder reich beschenkt.«
Seine Frau neben ihm auf der Bank sah ihn wortlos an und legte ihre faltige Hand auf die seine. Und es war, als spiegelten sich in ihren feuchten Augen Blüten und Früchte eines alten Apfelbaums.

35
DAS SCHÖNE STILL IN SICH AUFNEHMEN

Tief unten am Grunde der Eider, des Grenzflusses von Schleswig-Holstein, lebt eine dunkle, beinahe unscheinbare Muschel. Sie macht kaum auf sich aufmerksam. Zufrieden ist sie, wenn sie still daliegt und lauscht. Es gibt so viel zu bestaunen.

Am besten gefällt es der Muschel, wenn der Vollmond sich im Wasser spiegelt. Dann leuchtet das Mondlicht sogar hinab auf den Grund des Flusses. Bis hin zu ihr. Die Muschel liegt ganz still da und nimmt das Licht in ihr Inneres auf, bis hinein in ihr Herz.

Eines Tages kommt ein stolzer Fisch zu der Muschel geschwommen. »Sieh mal an, eine dunkle Muschel«, sagt der Fisch. »Bald hätte ich dich übersehen, du kleines, unscheinbares Muschelding. Hat dein Leben eigentlich einen Sinn?«, fragt der stolze Fisch und rümpft die Nase. Er schwimmt vor der Muschel hin und her, damit sie ihn von allen Seiten bewundern kann.

»Wie schön doch der Fisch ist«, denkt die Muschel. Aber es fällt ihr nicht ein, neidisch zu sein. Ihr gefällt es, zu lauschen, zu schauen und alles Schöne tief in sich hineinzunehmen. So ist sie mit sich und der Welt zufrieden.

Eines Abends, die Sonne wirft gerade noch ihre letzten Strahlen auf das Wasser: Zwischen den kleinen Tröpfchen schimmert ein Regenbogen hindurch. An diesem Abend kommt der Fisch nach langer Zeit wieder einmal zur Muschel geschwommen und fragt: »Was machst du da?«

»Ich bin still«, antwortet die Muschel. »Wenn man still ist, beginnen die Dinge zu reden. Hörst du das Wasser, die

Pflanzen, die Steine? Siehst du den Himmel, die Sterne, den gelben Mond?«

Der geschäftige Fisch versteht davon nichts. Verächtlich dreht er sich um und schwimmt kopfschüttelnd davon.

Er ahnt noch nicht, dass dies ihr letztes Gespräch sein soll. Denn in dieser Nacht fährt ein Fischer über die Eider. Eine ganze Weile lässt er seinen alten Holzkahn leise auf dem Wasser schaukeln. Er sitzt auf seiner Bank und lauscht auf das Plätschern des Wassers. Am Ufer spritzen noch ein paar übermütige Vögel im Wasser, und über ihm schiebt sich der Mond langsam am Horizont entlang.

Erst weit nach Mitternacht erhebt sich der Mann. Ganz behutsam stellt er sich aufrecht in sein Boot, und mit einer weit ausholenden Handbewegung wirft er seine Netze hinaus auf das Wasser. Er wartet ab, bis die kleinen Schwimmer sich nur noch leise schwankend im Wasser bewegen. Dann setzt er sich wieder und wartet auf den Morgen.

Als die ersten Sonnenstrahlen über den Fluss streichen, zieht der Fischer prüfend an den Netzen: Jetzt sind sie voll und schwer. Nach und nach zieht er die Netze wieder in sein Boot. Unter dem Fang sind auch unsere Muschel und der stolze Fisch. Der Fischer beginnt sorgfältig seine Netze zu leeren. Fisch kommt zu Fisch, einer gleicht dem anderen. Unser stolzer Fisch ist mit einem Mal sehr traurig: Nun ist er nichts Besonderes mehr. Heute noch wird der Fischer ihn zum Markt bringen und verkaufen.

Der Fischer indes holt alles heraus, was ihm heute ins Netz gegangen ist. Als seine feuchten Finger die Muschel berühren, zieht er sie behutsam an sich. Unwillkürlich spürt er: In dieser Muschel ist ein Schatz verborgen. Kaum lässt er diesen Gedanken zu, da beginnt die Muschel sich ganz sachte zu öffnen. Nachdem der Fischer ihr dabei eine Weile zugeschaut hat, blickt er gespannt in die Muschel hinein und staunt. Noch nie hat er etwas so Wunderbares gesehen. Mitten in der Muschel liegt eine leuchtende Perle. Sie funkelt im Strahl der Morgensonne und ist außergewöhnlich kostbar und schön. Alles, was die Muschel tief unten auf dem Grund des Flusses in Ruhe und Stille erlauscht und geschaut hat, ist tief in ihr Herz aufgenommen worden. Dabei ist dies alles zu einem wertvollen Schatz geworden: zu einer edlen, einzigartigen Perle.

Der Fischer lässt alsbald alle seine Fische liegen, nimmt die Muschel vorsichtig in die Hand und setzt sich ans Ufer. Beinahe ehrfürchtig schaut er die Perle an, streichelt sie mit seinen Fingerkuppen, blickt in die Ferne und beginnt zu träumen. Dabei strahlt der Fischer über das ganze Gesicht. Seine Augen glänzen, er ist sehr glücklich.

36

IN EINER HÖHLE AM WALDRAND

In einer Höhle am Waldrand lebten zwei junge Füchse. Der eine war mutig, der andere ängstlich. Lange Zeit lebten sie in Eintracht zusammen. Aber eines Tages zog es den mutigen Fuchs in die Welt hinaus.

Ich habe genug von dieser Höhle, sagte er zu dem ängstlichen Fuchs. Ich habe genug von diesem Waldrand, von diesem täglichen Einerlei. Ich möchte die Welt entdecken. Komm mit!

Nein, sagte der ängstliche Fuchs, ich bleibe lieber zu Hause. Der mutige Fuchs lachte ihn aus und nannte ihn

einen Hasen. Das ist das Schlimmste, was ein Fuchs dem anderen sagen kann.
Also machte sich der mutige Fuchs allein auf den Weg.
Am ersten Tag streifte er durch den Wald.
Am zweiten Tag jagte er einen kleinen Hasen.
Am dritten Tag schlich er sich an einen Bauernhof heran.
Am vierten Tag verschlang er zwei gackernde Hühner.
Am fünften Tag kämpfte er gegen einen alten Dachs.
Am sechsten Tag hörte er das Knallen einer Flinte.
Am siebten Tag aber verfolgte ihn ein bellender Hund bis vor seine Höhle.
Der ängstliche Fuchs war unterdessen allein zurückgeblieben.
Am ersten Tag fühlte er sich einsam.
Am zweiten Tag fing er an, einen neuen Ausgang zu graben.
Am dritten Tag schnupperte er an einer Blume vor seiner Höhle.
Am vierten Tag schnappte er nach einem bunten Schmetterling.
Am fünften Tag erwischte er einen kleinen Vogel.
Am sechsten Tag freute er sich über das raschelnde Herbstlaub.
Am siebten Tag aber war der neue Ausgang fertig, und er machte es sich in seiner Höhle gemütlich.
Doch in diesem Augenblick kam der mutige Fuchs durch den neuen Eingang gestolpert. Keuchend drückte er sich in eine Ecke. Er zitterte am ganzen Körper. Sein Fell war zerzaust und er blutete aus der Nase. Erst als er sich ein wenig beruhigt hatte, merkte er, dass er sich wieder in der alten Höhle befand. Der neue Eingang hatte ihm das Leben gerettet.

Der ängstliche Fuchs freute sich, dass der mutige Fuchs den Weg zu ihm zurückgefunden hatte.
Der mutige Fuchs erzählte ihm, was er erlebt hatte, von seinen Abenteuern, von Hasen und Hühnern, von Dachsen, von knallenden Flinten und bellenden Hunden.
Der ängstliche Fuchs aber zeigte ihm, was er beim Bau des neuen Ausgangs alles entdeckt hatte, die Blume vor der Höhle, den bunten Schmetterling, kleine Vögel und raschelndes Herbstlaub. Der mutige Fuchs staunte. Er schämte sich, dass er den ängstlichen Fuchs einen Hasen genannt hatte.
Wenn du aber glaubst, der mutige Fuchs sei von nun an zu Hause geblieben, täuschst du dich. Von Zeit zu Zeit zog es ihn in die Welt hinaus, und nichts und niemand konnte ihn zurückhalten. Dann träumte der ängstliche Fuchs wieder allein in seiner Höhle von Hasen und Hühnern, von Dachsen, von knallenden Flinten und bellenden Hunden.
Der mutige Fuchs aber sehnte sich in der Ferne nach einer Blume, nach einem bunten Schmetterling, nach kleinen Vögeln und raschelndem Herbstlaub.
Vor allem aber sehnte er sich nach dem ängstlichen Fuchs, der in einer gemütlichen Höhle auf ihn wartete.

37

DAS GLÖCKCHEN

In einem Städtchen am Meer lebte einst bei seinem Tempel ein alter Mönch. Er liebte es, auf der Veranda zu sitzen und aufs Meer hinauszuschauen. Um sich aber nicht so allein zu fühlen, hatte er am Dach über der Veranda ein silbernes Glöckchen angebracht. Es hing an einem breiten Streifen Papier, auf dem ein wunderschönes Gedicht geschrieben stand. Sobald der Wind nur ein kleines bisschen wehte – und am Meer weht er ständig –, bewegte sich das Papier, und das silberne Glöckchen läutete gar lieblich. Der alte Mönch saß auf der Veranda, schaute aufs Meer, lauschte dem Läuten des silbernen Glöckchens und lächelte zufrieden.

In dem gleichen Städtchen lebte auch der Apotheker Mohey. Schon lange Zeit hatte er nichts als Pech, alles misslang ihm, und er war so traurig, dass er sich nicht mehr zu helfen wusste. In seiner Not machte er sich eines Tages auf den Weg zu dem Mönch, um seinen Rat zu erfragen. Als er aber den Alten so zufrieden auf seiner Veranda sitzen sah und das beruhigende Läuten des silbernen Glöckchens hörte, wusste er mit einem Schlage, dass das Glöckchen auch ihn froher machen würde, wenn er so dasitzen und ihm zuhören könnte. Er überlegte nicht lange und bat den Mönch, ihm das Glöckchen wenigstens für einen einzigen Tag zu überlassen.

»Warum sollte ich es dir nicht leihen?«, sagte der Mönch freundlich. »Doch vergiss nicht, es gleich morgen früh wiederzubringen, denn ohne das Glöckchen wäre ich sehr traurig.«

Mohey dankte ehrerbietig und versprach, am nächsten Tag wiederzukommen. Dann ging er nach Hause und hängte das Glöckchen über der Veranda auf. Es begann zu läuten, und Mohey wurde es so leicht ums Herz, und die Welt erschien ihm auf einmal so schön, dass er zu tanzen begann.

Am nächsten Tag war der Mönch schon vom Morgen an übel gelaunt. Immer wieder ging er vor den Tempel und schaute nach dem Apotheker aus. Aber Mohey kam und kam nicht. So verging eine Stunde, eine zweite, und als der Apotheker zu Mittag noch immer nicht mit dem Glöckchen erschienen war, rief der Mönch seinen kleinen Schüler Taro und befahl ihm: »Lauf in die Stadt zu dem Apotheker Mohey. Er hat sich gestern mein silbernes Glöckchen geliehen und sollte es heute früh zurückbringen. Erinnere ihn daran und sage ihm, dass ich schon ungeduldig warte.«

Taro lief zu dem Apotheker, aber kaum war er in dessen Garten getreten, blieb er stehen. Er hörte das fröhliche Läuten des Glöckchens und sah den Apotheker, der mit fliegenden Ärmeln und Schößen im Garten herumtanzte. Taro wusste nicht gleich, wie er ihn ansprechen sollte. Da wurde ihm auf einmal so fröhlich ums Herz, dass auch er zu tanzen begann. Eine Stunde verging, eine zweite – der Apotheker war immer noch nicht erschienen, und Taro kam auch nicht zurück.

Der alte Mönch schüttelte den Kopf, und weil er immer trauriger wurde, rief er seinen zweiten Schüler, Dschiro, und befahl ihm: »Lauf zu dem Apotheker Mohey und sage ihm, er möge mir mein silbernes Glöckchen zurückgeben. Und solltest du unterwegs Taro begegnen, so richte ihm aus, er solle sich schämen, seinem Lehrer so schlecht zu gehorchen.«

Dschiro lief, so schnell er nur konnte. Als er zum Haus des Apothekers kam, hörte er fröhliches Geläut und sah zu seiner Verwunderung den Apotheker und Taro im Garten tanzen. Und ehe er sich noch entscheiden konnte, ob er zuerst Taro für sein Versäumnis rügen oder den Apotheker an die Rückgabe des Glöckchen mahnen sollte, drehte auch er sich im Kreise und vergaß die Welt.

Wieder war eine Stunde vergangen und bald auch die zweite. Die Sonne neigte sich schon dem Horizont zu. Aber weder der Apotheker noch einer der beiden Schüler ließen sich blicken. Der alte Mönch konnte sich das nicht erklären. Er wurde so traurig wie nie zuvor. Schließlich hielt er es nicht mehr aus. Er zog seine Sandalen an und machte sich selbst auf den Weg zum Hause des Apothekers. Noch ehe er in den Garten trat, hörte er das zarte Läuten seines geliebten Glöckchens und fröhliches Lachen. Und bald darauf sah er, wie sich der Apotheker und seine beiden Schüler an den Händen hielten. Sie tanzten nach links und dann wieder nach rechts, und ein seliges Lächeln lag auf ihren Gesichtern.
Der Mönch schüttelte den Kopf und wusste nicht recht, wie er sich das erklären sollte. Aber er wunderte sich nicht lange. Auf einmal war alle Traurigkeit verflogen, die Füße begannen von allein zu hüpfen, der Mönch lächelte dem Apotheker zu, reichte die eine Hand Taro und die andere Dschiro, und dann tanzten sie alle vier.
Wie das weiterging? Ja, wenn wir das wissen wollen, müssten wir jemanden in den Garten des Apothekers schicken. Nur weiß ich nicht, ob er auch zurückkäme. Denn wenn er den lieblichen Klang des Glöckchens hört und die vier tanzen sieht, wird er alles vergessen und mittanzen. Und so müssten wir einen Zweiten schicken und dann einen Dritten, Vierten … Schließlich bliebe uns nichts anderes übrig, als selbst hinzugehen, und auch wir würden zu tanzen beginnen. Na, und das geht natürlich nicht, dass alle Menschen nur tanzen und tanzen. – Oder?

38
VOM TRÄUMEN

Am Rande der Erde, dort, wo die Blumenwiese auf alle Meere der Welt trifft, hängt an dünnen Seilen, die bis in den Himmel reichen, eine rote Kinderschaukel. Man sagt, dass, wer auf ihr schaukelt, mit den Fußspitzen die Wolken berühren kann.

Die Erwachsenen wissen natürlich zu gut, dass es nicht möglich ist. Aber manchmal beobachte ich dort die Kinder, die mit leuchtenden Augen und vom Luftstoß völlig zerzausten Haaren singend schaukeln und mit ihren Fußspitzen die Wolken kitzeln. Stundenlang.

Die bunten Farben des Lebens

39
DER GRÜNE KINDERBALLON

Der junge Apriltag zeigte ein Stück Himmelsblau. Ein grüner Kinderballon fuhr empor, höher und höher.
Der verschmitzte Apriltag kam mit einer dicken grauen Wolke an. Daraus fiel Schnee herab. Eine halbe Stunde; weich, dick und groß, wie es an Weihnachten schneien sollte.
Da war unser grüner Ballon wieder da. Irgendwelche Kräfte hatten ihn schwerer gemacht, die Schneenässe vielleicht, die Kälte. Er kam leuchtend grasgrün im Weißen herab, torkelte die Straße entlang, stieß sich an ein paar Balkonen, streifte Baumspitzen, wollte nochmals dem leisen weißen Strom entgegen in den Himmel steigen – aber er schaffte es nicht mehr und sank zur Erde.
Ehe er sie berührte, fing eine Frau ihn auf. Wie ein guter Torhüter, mit beiden Händen. Sie hatte die Einkaufstasche in den Schnee gestellt. Ein grüner Aprilballon im Weihnachtsschnee ist so etwas wohl wert.
Die Frau schaute sich um und sah ein kleines Mädchen stehen. Sie gab den Ballon in die Hände des Kindes weiter. Das Kind hielt den Ballon glücklich fest.
Der Apriltag zog die Schneedecke weg und zeigte wieder sein Blau. Das Kind schaute in den Himmel, öffnete die Hände, und der grüne Ballon stieg wieder empor, stieg und stieg.
Viele sahen ihm nach.
Ganz klar, würde der strenge Physiker sagen: Erst wurde der Ballon kalt, dann fiel er. Dann erwärmte er sich wieder, das gab ihm Auftrieb. Natürlich, natürlich. Aber

die Frau hätte den Ballon ja auch in den Dreck fallen lassen können. Da wäre er gestorben. Endgültig.
Die Wärme der Menschenhand hob ihn wieder empor ... Danke!

40 DIE DREI SCHMETTERLINGE

Es waren einmal drei Schmetterlinge, ein weißer, ein roter und ein gelber. Die spielten im Sonnenschein und tanzten bald auf dieser Blume, bald auf jener und wurden gar nicht müde, so gut gefiel es ihnen. Da kam plötzlich ein Regen und machte sie nass. Sie wollten nach Hause fliegen, aber die Haustür war zugeschlossen, und sie mussten im Regen bleiben und wurden immer nässer.
Da flogen sie hin zur Lilie und sagten: »Gute Lilie, mach uns dein Blümchen ein wenig auf, dass wir nicht nass werden!«
Da sagte die Lilie: »Den Weißen will ich wohl aufnehmen, der sieht aus wie ich, aber die anderen mag ich nicht.« Der Weiße sagte: »Wenn du meine Geschwister nicht aufnimmst, so mag ich auch nicht zu dir. Wir wollen lieber zusammen nass werden, als dass einer den andern im Stich lässt.«
Es regnete aber noch länger, und die Schmetterlinge flogen zur Tulpe und sagten: »Tulpchen, mach uns ein wenig dein Blümchen auf, dass wir hineinschlüpfen und nicht nass werden!« Die Tulpe antwortete: »Dem Gelben und dem Roten will ich aufmachen, aber den Weißen mag ich nicht.« Da sprachen der Rote und der Gelbe: »Wenn du

unseren Bruder, den Weißen, nicht aufnimmst, so wollen wir auch nicht zu dir.« Und so flogen sie zusammen fort. Aber die Sonne hatte es hinter den Wolken gehört, dass die drei Schmetterlinge so geschwisterlich zusammenhielten, und sie jagte den Regen fort und schien wieder hell in den Garten und trocknete den Schmetterlingen die Flügel. Da tanzten sie wieder und spielten, bis es Abend war. Dann flogen sie zusammen nach Hause und schliefen fröhlich ein.

41

DIE NEUE KNOSPE

Hinter dem Haus, in dem Andi wohnt, gibt es einen kleinen Garten. Eine Wiese ist da mit Gänseblümchen, und in den Beeten ringsum wächst Schnittlauch und Petersilie, Salat und Bohnenkraut. Einmal aber ist eine wunderschöne Blume aufgeblüht. Sie ist rot und duftet ganz süß.
»Woher kommt sie?«, fragt Andi.
»Ich weiß es auch nicht«, sagt die Großmutter. »Vielleicht hat ein Vogel das Samenkorn in seinem Schnabel getragen, und gerade über unserem Garten ist es ihm runtergefallen.«
Drei Tage war die Blüte der Blume seidig und frisch. Dann begann sie ein wenig zu welken.
»Schau nur«, schreit Andi, »die Blume ist krank!« Sie holt ihre Gießkanne und gibt ihr Wasser, und jede Stunde schaut sie nach.
»Alles muss einmal vergehen«, sagt die Großmutter.
»Nein!«, sagt Andi. »Eine so schöne Blume soll nicht vergehen! Sie ist nur krank und wird wieder gesund werden.

Ich werde bei ihr bleiben. Wenn ich krank bin, sitzt du ja auch an meinem Bett. Weißt du noch, wie ich im Winter Halsweh hatte?«
Die Großmutter erinnert sich. »Es ist nur so«, sagt sie, »dass ein kleines Mädchen etwas anderes ist als eine Blume.«
Aber davon will Andi nichts hören. Sie holt sich ein Kissen und setzt sich neben die Blume auf die Wiese.
Als es dämmrig wird, will die Großmutter Andi hereinholen. »Schließlich musst du ja mal ins Bett«, sagt sie.
Andi schüttelt den Kopf: »Das hier ist wichtiger. Ich will der Blume Lieder vorsingen.«
Weil es eine sehr warme Nacht ist, lässt die Großmutter Andi draußen. Sie setzt sich ans offene Fenster und hört, wie sie ein Lied nach dem anderen anstimmt, bis es auf einmal still wird. Da ist Andi eingeschlafen. Die Großmutter trägt sie ins Bett.
Am anderen Morgen sind die Blütenblätter der Blume verwelkt. Doch als Andi eben anfangen will zu weinen, entdeckt sie, dass die schöne Blume über Nacht eine Knospe gebildet hat.
»Schau nur!«, ruft sie.
»Ja«, sagt die Großmutter, »bald wird sie nun wieder blühen.

42

HIMMELSSCHLÜSSEL

Es lebte einmal ein großer, reicher König zu einer Zeit, in der noch alle Menschen den hohen Berg kannten, auf dessen Gipfel die Tore des Himmels gebaut sind. Bei all seinem Reichtum sehnte sich der König danach, auch die Schlüssel zu den Toren des Himmels zu besitzen; aber keiner konnte sie ihm bringen. Eines Tages sagte ihm ein weiser Mann: »Alle Schätze der Erde kann man geschenkt bekommen, aber die Schlüssel zum Himmel muss jeder selbst suchen.«

Da stieg der König selber auf den steilen Berg bis vor die Tore des Himmels und sagte dem Engel, dem Hüter vor Gottes ewigem Garten: »Ich finde keine Ruhe, bis ich nicht die Schlüssel zum Himmel besitze.«

Der Engel lächelte und antwortete: »Auf der Erde blühen viele Tausend Himmelsschlüssel, die von Menschen zertreten werden. Wenn du die richtigen drei findest, die nur zu deinen Füßen und für dich aufblühen, kannst du die Tore des Himmels aufschließen.«

Viele Jahre suchte der König und zertrat keinen Himmelsschlüssel, doch nie blühte eine dieser Blumen vor seinen Füßen auf.

Eines Tages bettelte ihn ein schmutziges Mädchen an, das weder Vater noch Mutter hatte. Das Hofgesinde wollte das verwahrloste Kind zur Seite drängen, der König aber setzte es zu sich aufs Pferd. In seinem Schloss ließ er es speisen und kleiden und pflegen. Da blühte zu seinen Füßen ein kleiner, goldener Himmelsschlüssel auf. Und der König ließ die Armen und Kinder im Reich zu seinen Brüdern und Schwestern erklären.

Wieder vergingen Jahre. Da erblickte der König auf einem Ritt durch den Wald einen sehr kranken Wolf. Die Höflinge wollten ihn verenden lassen, er aber trug ihn in seinen Palast und pflegte ihn selbst gesund. Und der Wolf wich nie mehr von seiner Seite. Da blühte ein zweiter goldener Himmelsschlüssel zu seinen Füßen auf. Der König

aber ließ von nun alle Tiere in seinem Reich zu Brüdern und Schwestern erklären.
Wieder vergingen einige Jahre. Da spazierte der König in seinem herrlichen Garten mit den seltensten Blumen. Und er erblickte am Wegrand eine kleine, unscheinbare Pflanze, die nahe dran war zu verdursten. »Ich will ihr Wasser bringen«, sagte der König. Doch der Gärtner wollte ihn hindern: »Es ist Unkraut; ich will es ausreißen und verbrennen; es passt nicht in diesen königlichen Garten!« – Der König aber holte Wasser und die Pflanze begann wieder zu atmen und zu leben.
Da blühte der dritte Himmelsschlüssel zu des Königs Füßen auf, und das Bettelmädchen und der Wolf standen dabei. Der König aber sah auf dem steilen Berge die Tore des Himmels weit, weit geöffnet.
Auch heute blühen diese drei Himmelsschlüssel noch, und sie leuchten heller und schöner als alle Edelsteine und Blumen der Welt.

43

SEINE BESTIMMUNG ERFÜLLEN

Der kleine Schmetterling breitet die Flügel aus. Er genießt es, die Enge der Puppe verlassen zu haben. Es ist schön, die Welt von oben zu betrachten. Er kann sich frei fühlen wie ein Vogel.
Da fliegt eine Schwalbe an ihm vorbei. Sie bewegt die Flügel wie ein Wimpernschlag. Der kleine Schmetterling eifert der Schwalbe nach, landet aber bäuchlings auf dem Boden.

»Was bin ich doch für ein armseliger Flieger«, murrt er und schaut traurig einem Grünfinken und einer Meise nach, die im schnellen Flug an ihm vorbeischießen. Gerade auf der Welt, ist er schon unzufrieden.

Eine Dohle setzt sich neben ihn. Sie hat sein Murren gehört. Sie schaut den kleinen Schmetterling von oben herab an und belehrt ihn: »Jedes Lebewesen, das auf diese Welt kommt, hat seine Bestimmung. Deine ist nicht das Fliegen.«

Nach einer Pause fährt sie fort: »Vergleiche deine wunderschönen Flügel mit meinem schwarzen Federkleid. Deine Flügel sind bunt und feingliedrig. Ihr Schmetterlinge habt eine sehr schöne Aufgabe: Ihr bringt Farbe in die Welt.«

44
ROSENDUFT

Zwei Mönche züchteten in ihrem Garten, der zu jeder Zelle gehörte, mit Hingabe Rosen. Der eine beobachtete, wie die Rose sich entfaltete, blühte und verging. Der andere verschenkte seine Rosen an die Vorübergehenden, bevor die Knospen richtig aufgegangen waren.

»So kannst du nie den Duft genießen, der von deinen Rosen ausgeht, wenn du sie hergibst«, meinte der eine.

»O doch«, sagte der andere, »es bleibt immer etwas von ihrem Duft an den Händen, die verschenken können.«

45
DER PRINZ

Es war einmal ein Prinz, weit drüben im Märchenland. Weil der nur ein Träumer war, liebte er es sehr, auf einer Wiese nahe dem Schlosse zu liegen und träumend in den blauen Himmel zu starren. Denn auf dieser Wiese blühten die Blumen größer und schöner denn sonst wo. –
Und der Prinz träumte von weißen, weißen Schlössern mit hohen Spiegelfenstern und leuchtenden Söllern.
Es geschah aber, dass der alte König starb. Nun wurde der Prinz sein Nachfolger. Und der neue König stand nun oft auf den Söllern von weißen, weißen Schlössern und mit hohen Spiegelfenstern.
Und er träumte von einer kleinen Wiese, wo die Blumen größer und schöner blühten denn sonst wo.

46
WÜNSCHE

Eines Tages, als die Erde noch neu und die Menschen jung waren, kamen sie zu Gott, um ihm ihre Wünsche und Klagen vorzutragen.
»Ich bin ein Bauer«, sagte ein Mann bedächtig. »Meine Kühe brauchen Futter. Ich wünsche mir eine Pflanze, die schnell und leicht wächst und meine Tiere gute Milch geben lässt.«
»Ich bin die Bäuerin«, meinte seine Frau. »Ich muss hart arbeiten und habe wenig Zeit, Pflanzen um der Schönheit willen zu hegen. Ich hätte gerne eine Blume, die nicht viel Pflege braucht, die aber mein Auge erfreut.«

Ihr Kind lächelte Gott an. »Ich brauche nicht viele Dinge zum Spielen. Aber kannst du nicht etwas wachsen lassen, das einfach lustig ist und mir die Zeit vertreibt, wenn ich alleine das Vieh hüte?«
Ein anderer Mann blickte streng auf das Kind herab. »Ich meine, alle Pflanzen sollten ein gutes Beispiel geben«, verlangte er. »Wir brauchen ein Gewächs, das unsere Kinder Zähigkeit lehrt, Standfestigkeit und Widerstandskraft. Das Leben ist hart, Gott, wir brauchen harte Vorbilder!«
Gott nickte bedächtig und dachte nach. Und er schuf den Löwenzahn:

- Reiche Nahrung für die Tiere.
- Tausend kleine leuchtende Sonnen für die Augen.
- Unzählige Fallschirme, um Träume fliegend zu begleiten.
- Wurzeln, stark und zäh und schwer zu entfernen, um die Menschen Demut vor der Macht der eigenen Wünsche zu lehren.

47

BRÜCKEN BAUEN

»Du hast einen schönen Beruf«, sagte das Kind zum alten Brückenbauer, »es muss sehr schwer sein, Brücken zu bauen.«
»Wenn man es gelernt hat, ist es leicht«, sagte der alte Brückenbauer, »es ist leicht, Brücken aus Beton und Stahl zu bauen. Die anderen Brücken sind viel schwieriger«, sagte er, »die baue ich in meinen Träumen.«
»Welche anderen Brücken?«, fragte das Kind.

Der alte Brückenbauer sah das Kind nachdenklich an. Er wusste nicht, ob das Kind es verstehen würde. Dann sagte er: »Ich möchte eine Brücke bauen – von der Gegenwart in die Zukunft. Ich möchte eine Brücke bauen von einem zum anderen Menschen, von der Dunkelheit in das Licht, von der Traurigkeit zur Freude. Ich möchte eine Brücke bauen von der Zeit in die Ewigkeit, über alles Vergängliche hinweg.«
Das Kind hatte aufmerksam zugehört. Es hatte nicht alles verstanden, spürte aber, dass der alte Brückenbauer traurig war. Weil es ihn wieder froh machen wollte, sagte das Kind: »Ich schenke dir meine Brücke.«
Und das Kind malte für den Brückenbauer einen bunten Regenbogen.

Die Weisheit der Schöpfung

48
VON DER WEISHEIT DER NATUR LERNEN

Ein Zen-Meister wies seine Schüler immer wieder darauf hin, dass die materiellen Probleme der Menschheit leicht zu lösen wären, wenn nicht so große Summen für die Anschaffung von Kriegsmaterial aufgewendet würden.
Und regelmäßig stellten seine Schüler ihm dann die klassische Frage: »Warum sind die Menschen so dumm, dass sie im Widerspruch zu ihren eigenen Interessen handeln?«
»Das ist so«, sprach der Meister feierlich, »weil die Menschen zwar gelernt haben, Texte zu verstehen und gedruckte Bücher zu lesen. Allerdings haben sie die Kunst verlernt, zu lesen, was nicht auf Papier geschrieben steht.«
Die Schüler baten ihn, ihnen Wahrheiten zu nennen, die man nicht nachlesen kann. Doch der Meister lächelte nur und schwieg.
Aber weil die Schüler immer und immer wieder nachfragten, ließ er sich eines Tages erweichen und sprach: »Die Lieder der Vögel, das Summen der Insekten, all das verkündet die Wahrheit. Gräser und Blumen zeigen uns den richtigen Weg. Öffnet eure Ohren, schaut genau hin, lernt von der Natur. So werdet ihr lernen, einen Text zu lesen, der nicht gedruckt ist.«

49
VOM VOGEL, DER NICHT SINGEN WOLLTE

Es war einmal ein kleiner Vogel. Er war vor nicht allzu langer Zeit aus seinem Ei geschlüpft und hatte inzwischen auch schon ganz gut zu fliegen gelernt. Nun wollten ihm seine Eltern das Singen beibringen.

Sein Vater sang ihm alle Lieder vor, die er kannte, doch der kleine Vogel traute sich nicht, einzustimmen. »Wenn ich singe«, dachte er, »hören mich auch die, die mich fressen wollen.«

Und so blieb er stumm. Nach einer Weile gaben die Eltern auf. Sie waren schon dabei, neue Eier auszubrüten, und hatten keine Zeit mehr für den kleinen Vogel.

Während all die anderen Vögel zwitscherten und jubilierten, saß er ganz still auf einem Ast.

Zu sehr fürchtete er, eine Katze könnte auf ihn aufmerksam werden und sich von hinten anschleichen. Oder ein Falke könnte kommen und ihn im Sturzflug ergreifen. Wenn er nicht sang, würden die Jäger ihn bestimmt nicht entdecken.

Der kleine Vogel wurde sehr alt. Aber er war sehr einsam.

50
DIE BANANENSTAUDE

Im Kongo sagt man, jede Pflanze hat ihr Geheimnis, wir müssen es nur zu lesen verstehen, dann lernen wir manches über den Menschen.

Wer die Bananenstaude sieht – sie wirkt wie ein Baum mit riesigen Blättern –, der möchte kaum glauben, wie schnell

sie aufsprießt. In diesem raschen und verschwenderischen Wachstum liegt wohl der Grund dafür, dass die einzelne Pflanze nicht sehr stabil ist.
Niemals stehen daher die Stauden allein, sie könnten das Übergewicht ihrer Früchte nicht tragen und würden darunter zerbrechen. So aber stützen sich mehrere Pflanzen und helfen einander, ihre Früchte zur Reife zu bringen.

51
DER OLIVENBAUM

Es war oder es war nicht ein dummer Wind, der flog brüllend und pfeifend über die Ebene und schrie die Bäume an, sie sollten vor ihm auf die Knie fallen. Viele Bäume knieten sofort aus Angst nieder und einige riefen laut: »Nein!« Da riss der Wind sie weg. Als er vorbeigezogen war, versuchten die knienden Bäume, sich wieder aufzurichten, aber sie konnten es nicht mehr. Das höhnische Gelächter des Windes schmerzte sie noch mehr als ihr gebeugter Rücken. Auf seinem Flug sah der Wind eine flache Ebene, und er wollte sich gerade genüsslich über den Boden rollen, da verspürte er einen scharfen Schmerz, denn er hatte einen kleinen Olivenbaum übersehen, der einsam auf der Ebene lebte.
»Du dummes Ding. Du hast mir meinen Rücken aufgekratzt!«
»Es war nicht meine Absicht, edler Herr«, antwortete der junge Olivenbaum.
»Auf die Knie, wenn du mit mir redest!«

»Ich würde es gerne tun, wenn dieser Bauer heute nicht da wäre«, antwortete der junge Olivenbaum und zeigte auf einen Mann, der in der Ferne den Boden hackte.
»Was, ein Bauer? Hast du mehr Angst vor ihm als vor mir?«, rief der Wind verärgert.
»Keineswegs, edler Herr. Du bist stärker als alle Bauern zusammen, aber wenn ich vor deiner Macht in die Knie gehe, wird er das falsch verstehen. Er hat mich hierher gepflanzt und wartet geduldig, wie die Bauern sind, dass ich wachse, und erst, wenn er sieht, dass ich ihm Oliven bringe, pflanzt er Hunderte von Olivenbäumen an. Dann werde ich mit all meinen Brüdern vor dir knien. Was hast du davon, wenn hier weit und breit kein anderer Baum deine Macht bewundert?«
»Das gefällt mir, Junge. Wie lange dauert das, bis alle hundert Olivenbäume gepflanzt sind?«
»Zwanzig Jahre, edler Herr!«
»Nun gut, zwanzig Jahre und keine Minute länger. Nach dieser Zeit komme ich wieder, und dann möchte ich es genießen, dich und deine Sippschaft auf den Knien zu sehen«, sagte der Wind und flog davon.
Nach zwanzig Jahren erinnerte sich der Wind an den Weg zur Ebene und rieb sich die Hände vor Freude, als er den grünen Olivenhain sah.
»Fallt auf die Knie«, rief er laut. Die Olivenbäume übertönten mit ihrem Lachen sogar das Pfeifen des Windes.
»Vor niemandem, du Dummkopf!«, riefen sie und schlugen ihre Wurzeln immer tiefer in die Erde. Der Wind wütete, aber nur einige Zweige gingen zu Bruch, und je mehr er wütete, desto weiter trug er die Olivenkerne, und Jahr für Jahr wuchsen immer mehr neue Olivenbäume.
Nach ein paar Jahren schließlich mied er die Gegend.

52
DIE GESCHICHTE VOM MAULHÖRNCHEN UND DEM EICHWURF

Einmal begann ein Maulwurf mit einem Eichhörnchen zu streiten. »Was bist du für ein oberflächliches Wesen«, sagte der Maulwurf, »wie kann man sich nur so bedenkenlos von Ast zu Ast werfen? Raufflitzen, runterflitzen – das ist alles, was du kannst! Von Tiefe hast du keine Ahnung!«

Das Eichhörnchen war nicht um eine Antwort verlegen: »Halt bloß den Mund, du lichtscheuer Kerl! Ich wühle mich nicht in schmutziger Dunkelheit durch unnötige Gänge. Du hast keine Ahnung von der unendlichen Weite der Erdoberfläche und noch weniger von der Schönheit des Himmels.«

Da setzte sich eine Eule zwischen die beiden Streithähne, öffnete ihre Augen und begann: »Was könnte ich von euch nicht alles lernen! Von dir, wie man Gänge gräbt in lichtloser Tiefe und sie zu einem kunstvollen Höhlennetz verbindet. Und von dir, wie man sich schwerelos von Baum zu Baum schwingt, unermüdlich in Bewegung im Auf und Nieder. Beide aber seid ihr Geschöpfe Gottes, der euch an der Oberfläche und in der Tiefe leben lässt.«

Die Eule dachte nach, dann fuhr sie fort: »Was wäre die Tiefe ohne die Oberfläche, die deine Gänge, Maulwurf, mit Erde bedeckt? Und wie könnten sich deine Bäume, die sich in den Himmel strecken, ohne Wurzeln in der Tiefe halten, Eichhörnchen? So bist du, Maulwurf, der Experte für all die Tiefen und du, Eichhörnchen, mit deinen Sprüngen Experte für die Oberfläche: Beides gehört zusammen! Und damit ihr in Eintracht zusammenleben

könnt, gebt ihr euch am besten neue Namen: Du, Maulwurf, nimmst die Hälfte vom Eichhörnchen an und nennst dich ›Eichwurf‹, und du, Eichhörnchen, tust das Gleiche und nennst dich ›Maulhörnchen‹.«
Und die Eule flog leicht verwirrt in ihrer Weisheit davon.

53

DER WEISSE ELEFANT

Ein indisches Märchen erzählt von einem alten weißen Elefanten, der im Urwald lebte. In seinem Leben hatte er viele schlechte Erfahrungen gemacht. Aber nichts und niemand hatten ihm seine Güte und Freundlichkeit nehmen können.
Der weiße Elefant wusste wohl, dass jede böse Tat eine weitere in sich birgt. Trotz seiner unguten Erfahrungen war er immer freundlich und liebenswürdig. Alle hatten ihn gern. Wer nicht weiterwusste, war bei ihm gut beraten. Von den Tieren wurde er der »freundliche Elefantenkönig« genannt.
Einmal verirrte sich ein Mensch im Dickicht des Urwaldes. Er irrte zwischen Bäumen und Sträuchern umher, fand aber nicht mehr die Richtung. Laut klagte er und rief um Hilfe. Der weiße Elefant hörte das Rufen und Klagen. Er ging zu dem Menschen und fragte: »Warum schreist du so?«
»Ich habe die Richtung verloren. Ich finde keinen Weg und fürchte, dass ich hier sterben muss.«
»Fürchte dich nicht«, sagte der freundliche Elefant, »ich werde dir den rechten Weg zeigen.«

Der Mann setzte sich auf den weißen Elefanten und ließ sich durch den Urwald tragen. Den Weg prägte er sich genau ein, um alles seinen Freunden zu erzählen.
Am Ziel setzte der weiße Elefant den Menschen ab und sagte: »Hier ist dein Weg. Geh in Frieden.« Bevor er in den Urwald zurückkehrte, sagte er noch: »Bitte, sag niemandem, was du erlebt hast und wie ich dir geholfen habe.«
Der Mensch aber achtete nicht den Wunsch des Elefanten. Er ging zu Handwerkern, die aus Elfenbein wunderschöne Dinge herstellen, und fragte: »Was würdet ihr mir für zwei große Stoßzähne eines lebenden Elefanten geben?«
Diese sagten: »Die Stoßzähne eines lebenden Elefanten sind hundertmal wertvoller als die eines toten. Bring sie uns! Wir werden dir viel Geld dafür geben.«
Mit einer Säge kehrte der Mensch in den Urwald zurück, wo der weiße Elefant lebte. Als er den Menschen kommen sah, fragte er: »Warum kommst du in den Urwald zurück?«
»Die Not treibt mich, weißer Elefant«, sagte der habgierige Mensch scheinheilig. »Ich habe nichts zu essen; gib mir einen deiner Stoßzähne. Ich will ihn verkaufen und davon leben.«
Der weiße Elefant war von dieser Forderung überrascht, doch er sprach: »Wenn du etwas zum Abfeilen hast, will ich dir einen meiner Stoßzähne geben.« Er legte sich nieder und ließ sich einen Stoßzahn absägen.
Doch der Mensch, der nicht genug bekommen konnte, sagte: »Lieber Elefant, gib mir auch deinen anderen Stoßzahn. Die beiden Stoßzähne gehören doch zusammen.«
Der weiße Elefant war erschrocken über dieses dreiste Betragen.

Dennoch erlaubte er es ihm in seiner Güte. Dann sprach er: »Glaube nicht, Mensch, dass ich meine Stoßzähne nicht vermissen werde. Doch wenn du damit glücklich wirst, dann nimm das, was ich schmerzlich hergebe.«
Der Mensch nahm die Stoßzähne und ging davon, ohne dem weißen Elefanten zu danken. Er verkaufte das Elfenbein für einen hohen Preis. Nach kurzer Zeit war sein Geld verbraucht. Da ging er wieder zu dem freundlichen Elefanten in den Urwald und sagte: »Elefant, das Geld ist verbraucht. Ich bin wieder in Not. Gib mir die Stümpfe deiner Stoßzähne, damit ich sie verkaufen kann.«
»Wenn du nichts zu essen hast, dann lass ich dir auch noch meine Stümpfe.«
Der Mensch sägte die Stümpfe ab und ging ohne Dank davon.
Es dauerte nicht lange, da kam der habgierige Mensch zum dritten Mal in den Urwald. Als er den weißen Elefanten traf, sagte er: »Du hast mir deine Stoßzähne und ihre Stümpfe gegeben. Gib mir nun auch noch die Wurzeln, damit ich sie verkaufen kann.«
Der freundliche Elefant erlaubte es dem bösen Menschen. Der grub an der Stelle, wo die Stoßzähne gesessen hatten, bis alle Wurzeln ausgegraben waren. Ohne sich zu bedanken, ging er fort, um sie wieder mit hohem Gewinn an die Handwerker zu verkaufen.
Der Elefant war erschrocken über die Rücksichtslosigkeit und Undankbarkeit des Menschen. Er blickte ihm traurig nach und dachte bei sich: »Und doch habe ich richtig gehandelt, als ich ihm alles gab, was er von mir forderte. Denn jede Tat hat ihre unausbleiblichen Folgen, jede Ursache hat ihre Wirkung und jeder erntet, was er gesät hat.«

Mutter Erde aber konnte diesen undankbaren, habgierigen Menschen nicht mehr ertragen. Sie öffnete sich unter seinen Füßen und verschlang ihn.

54

DER FREIGEBIGE BAUM

Es war einmal ein Baum, der hatte einen kleinen Jungen sehr gern. Dieser kleine Junge kam jeden Tag, fing seine Blätter auf, machte sich Kronen daraus und lief als König der Wiesen herum. Er kletterte am Stamm des Baumes hinauf und schaukelte auf seinen Ästen. Er aß seine Äpfel und spielte mit ihm Verstecken. Und wenn er müde war, schlief er in seinem Schatten. Der Junge liebte den Baum über alles. Und der Baum war glücklich.

Aber die Zeit verging, und der Junge wurde älter. Der Baum war jetzt oft allein.

Eines Tages kam der Junge wieder, und der Baum sagte: »Los, Kleiner, klettere doch meinen Stamm hoch, schaukle auf meinen Ästen, iss meine Äpfel, spiel in meinem Schatten und freue dich.«

»Ich bin zu groß zum Klettern und Spielen«, sagte der Junge. »Ich möchte Sachen kaufen und es lustig haben. Ich brauche Geld. Hast du Geld für mich?«

»Tut mir leid«, sagte der Baum. »Geld hab ich keins. Ich habe nur Blätter und Äpfel. Nimm meine Äpfel und verkauf sie in der Stadt. Dann kriegst du Geld und bist zufrieden.«

Da kletterte der Junge auf den Baum, schüttelte die Äpfel hinunter und nahm sie mit. Und der Baum war glücklich.

Dann blieb der Junge lange weg, und der Baum war traurig. Eines Tages aber kam er wieder zurück, und der Baum schwankte vor Freude.
»Los, Kleiner«, sagte er, »klettere doch meinen Stamm hoch, schaukle in meinen Ästen und freue dich.«
»Ich hab keine Zeit, auf Bäume zu klettern«, sagte der Junge. »Ich brauche ein Haus, wo's warm ist«, sagte er, »ich möchte eine Frau und Kinder, und drum brauch' ich ein Haus. Hast du ein Haus für mich?«
»Ein Haus hab ich keins«, sagte der Baum. »Die Wiese ist mein Haus. Aber du kannst meine Äste abhauen und ein Haus bauen. Dann bist du bestimmt zufrieden.«
Da sägte der Junge die Äste ab und nahm sie mit, um sich ein Haus zu bauen. Und der Baum war glücklich.
Aber nun blieb der Junge sehr lange weg.
Als er wiederkam, konnte der Baum kaum sprechen, so freute er sich. »Los, Kleiner«, flüsterte er, »komm und spiel mit mir.«
»Ich bin zu alt zum Spielen«, sagte der Junge. »Ich will ein Schiff, mit dem ich weit wegfahren kann. Hast du ein Schiff für mich?«
»Nimm meinen Stamm und mach dir ein Schiff draus«, sagte der Baum. »Dann kannst du wegfahren und wirst zufrieden sein.«
Da schlug der Junge den Stamm ab, machte sich ein Schiff und fuhr davon. Und der Baum war glücklich ... fast glücklich.
Erst nach langer Zeit kam der Junge wieder zurück.
»Tut mir leid, Kleiner«, sagte der Baumstumpf, »jetzt kann ich dir nichts mehr geben. Meine Äpfel sind weg ...«
»Meine Zähne sind zu schwach zum Äpfelbeißen«, sagte der Junge.

»Meine Äste sind weg«, sagte der Baum, »du kannst nicht mehr darauf schaukeln …«
»Ich bin zu schlapp zum Klettern«, sagte der Junge.
»Schade«, seufzte der Baum, »ich hätte dir gern noch etwas gegeben, aber ich habe nichts mehr. Ich bin nur ein alter Strunk. Wirklich schade.«
»Ich brauche nicht mehr viel«, sagte der Junge. »Ich möchte nur noch sitzen und ruhen. Ich bin so müde.«
»Oh«, sagte der Baum und streckte sich etwas: »Ein Strunk ist gerade richtig zum Sitzen und Ruhen.
Komm, Kleiner, setz dich. Setz dich und ruh dich aus.«
Und das tat er, der alte Junge.
Und der Baum war glücklich.

55
DANKE!

»Redet ihr mit den Pflanzen in euren Gärten?«, fragte er.
Ich schüttelte den Kopf. »Nein, Kanentiio.«
Kanentiio war ein junger Mohawk-Indianer, der nach Europa gekommen war, um den Menschen hier von seinem Volk zu erzählen. Ich hatte ihn begleitet, ich war dabei gewesen, wenn er in den Schulen zu den Kindern sprach oder abends mit ihren Eltern beisammensaß. Ich hatte die alten Geschichten der Mohawks gehört, Geschichten, in denen alles, was auf der Erde lebt, zu Geschwistern der Menschen wurde.
Am letzten Tag, bevor er wieder heimfuhr, ging ich mit ihm in unseren Garten. Es war im September, an einem jener Tage, an denen der Sommer schon den Herbst ahnen lässt. Ein paar Schwalben, die sich auf den Flug nach

dem Süden verspätet hatten, kreuzten oben am tiefblauen Himmel. In den Beeten leuchteten die Blüten der Dahlien und Herbstastern. Im Laub der Birken blinkte hier und da ein gelbes Blatt. Die Äste der Obstbäume neigten sich unter der Last ihrer Früchte. Auf den Gemüsebeeten standen dicke Krautköpfe, Buschbohnen, Tomaten, Kohl und Wintersalat.

»Wir reden mit unseren Pflanzen«, sagte Kanentiio. »Wir reden mit ihnen, wenn wir ihren Samen in die Erde legen. Wir reden mit ihnen, wenn sie wachsen und gedeihen. Und wenn wir ernten, danken wir ihnen. Sie sind unsere Freunde. Und mit Freunden redet man doch, nicht wahr?«

»Ja«, sagte ich.

Als Kanentiio fortgefahren war, als ich wieder allein war, ging ich noch einmal in den Garten. Büschel roter Tomaten hingen an den Stauden. Die Blätter waren braun und verschrumpelt, als hätten die Stauden, müde geworden von der überreichen Ernte, keine Kraft mehr. Ich pflückte eine der Früchte. So reif war sie, dass sie sich vom Stiel löste, als ich sie berührte.

Noch immer kreuzten die Schwalben über unserem Garten. Ich hörte ihr sanftes Gezwitscher. Meisen und Finken huschten im Gezweig umher, sangen und flöteten. Prall und warm und rot leuchtend lag die Tomate in meiner Hand.

»Danke«, sagte ich. »Danke!« Und das war auf einmal ganz selbstverständlich.

56
VERGISS MEIN NICHT

Einmal schenkte eine Waldfee einem Hirten aus Dankbarkeit eine blaue Blume, aber der wusste nichts Rechtes damit anzufangen und band sie an seinen Stab. Auf seiner Wanderschaft berührt er damit einmal zufällig eine Felswand und sofort sprang sie auseinander.

Da sah er eine geheimnisvolle Tür, und als er die geöffnet hatte, traute er seinen Augen nicht: Überall blinkte und glitzerte es, als wären alle Schätze der Welt dort angehäuft!

Sofort stellte er den Stock mit der blauen Blume in die Ecke, stopfte sich die Hosentaschen voll und zog das Hemd aus, um es mit Gold und Silber vollzupacken. Jetzt hatte er natürlich keine Hand mehr frei für den Wanderstab und überhörte auch die feine Stimme des blauen Blümchens, die rief: »Vergiss mein nicht!«

Kaum hatte er die Höhle verlassen, knallte der Fels hinter ihm wieder zusammen. Er erschrak furchtbar und glaubte schon, Banditen hätten ihn gepackt. Alle Schätze fielen ihm aus den Händen und stürzten in eine tiefe Schlucht.

Da merkte der Hirte, dass er das Wichtigste vergessen hatte, denn erst mit der blauen Blume konnte er alle Türen öffnen.

57
ZUSAMMEN WACHSEN

»Weißt du noch?«, flüstert Anne ihrem Mann Oskar ins Ohr, »wie alles begonnen hat?« Lächelnd nickt der alte Mann und gibt seiner Frau einen Kuss. Dann setzen sich beide auf die Bank unter den Eichen und erinnern sich. Sechzehn Jahre alt war Anne damals gewesen und Oskar hatte gerade seinen siebzehnten Geburtstag gefeiert. Obwohl sie sich gerade erst auf dem Jahrmarkt kennengelernt hatten, wussten die beiden intuitiv, dass sie zusammengehörten.

Gemeinsam waren sie über den Marktplatz geschlendert. Plötzlich hatte Anne gerufen: »Schau! Da vorne ist ein Wettbewerb, und ehe Oskar so recht wusste, wie ihm geschah, hatte sie ihn schon zu einem Feld gezerrt, auf dem sich bereits etliche Schaulustige versammelt hatten. Auf einer Bank stand ein Mann mit zwei Eicheln in der Hand. Sein lautes Geschrei erregte großes Aufsehen.

»Kommt und seht! Das sind Liebeseicheln«, rief der Mann. »Wer traut sich zu, ein Denkmal für die nächste Generation zu setzen? Auf dieser Bank sollen einmal Liebespaare sitzen und es gemütlich haben. Das ist natürlich nur möglich, wenn hier ein lauschiges Plätzchen entsteht. Zwei mächtige Eichen sollen den darunter sitzenden Liebespaaren Schatten spenden. Wer findet den richtigen Abstand, den diese Eichen brauchen, um gemeinsam zu wachsen und zusammen alt zu werden? Kommen Sie ruhig näher und geben Sie Ihren Tipp ab. Unser Gärtner Adolf ist der Schiedsrichter und wird feststellen, wer die Aufgabe am besten gelöst hat.«

Nacheinander traten die Teilnehmer vor und legten die Eicheln nach ihren Vorstellungen auf die Erde. Die Entfernung zwischen ihnen reichte von 50 Zentimetern bis zu zwei Metern. Oskar war der Letzte, der seinen Tipp abgab. Als er jedoch die zwei Eicheln im Abstand von fünf Metern auf die Erde legte, begannen die Umstehenden lauthals zu lachen.

Doch der alte Gärtner trat vor und grub die Eicheln genau dort ein, wo Oskar sie hingelegt hatte. Lächelnd sagte er: »So können sich beide Eicheln gut entwickeln. Jede bleibt ein eigenständiger Baum. Keiner nimmt dem anderen Luft zum Atmen, die Wurzeln behindern einander nicht. Und trotzdem werden die Bäume eine Gemeinschaft bilden, denn wenn der Wind über sie hinweg streicht, werden sich ihre Äste sanft berühren.«

Das alles ist jetzt knapp sechzig Jahre her. In Gedanken versunken sitzen Anne und Oskar unter den zwei mächtigen Eichen und horchen auf das leichte Knarren der Äste, die sich in luftigen Höhen begegnen.

58

DER ELEFANT UND DIE MAUS

»Hallo, Dicker, was hältst du von einem kleinen Spaziergang?«, fragte die Maus ihren Freund, den Elefanten.

»Wenn du wieder dauernd Dicker zu mir sagst, kannst du alleine gehen. Ich kann das nämlich nicht leiden«, sagte der Elefant beleidigt.

»Warum regst du dich denn gleich so auf? Es war ja nicht böse gemeint.«

»Bestimmt nicht?«, fragte der Elefant.

»Ganz bestimmt nicht«, sagte die Maus.
»Gut, dann lass uns losgehen, kleiner Zwerg.«
»Das ist ja eine Unverschämtheit! Du kannst doch nicht einfach kleiner Zwerg zu mir sagen«, empörte sich die Maus.
»Kann ich wohl, genauso wie du auch Dicker zu mir sagen kannst. Außerdem meine ich es ja auch nicht böse.«
»Na gut«, sagte die Maus, noch ein bisschen unsicher, »dann lass uns mal losgehen.«
Sie konnten aber nur sehr langsam gehen, weil die Maus so kurze Beine hatte. Da hat der Elefant der Maus vorgeschlagen, sie auf seinem Rücken zu tragen. Damit die Maus hinaufklettern konnte, hat er seinen Kopf ein wenig nach unten gehalten, so dass sein Rüssel den Boden berührte. Da ist die Maus auf den Rüssel geklettert, hat sich gut festgehalten, und der Elefant hat sie ganz vorsichtig auf seinen Rücken gesetzt.
Was hatte die Maus nun für eine herrliche Aussicht, und wie schnell kamen sie jetzt voran auf ihrem Spaziergang! Leider endete dieser Spaziergang plötzlich vor einer ganz hohen Mauer.
»Jeden Tag komme ich an diese große Mauer, aber ich bin immer noch nicht groß genug, um hinüberschauen zu können. Dabei wüsste ich so gerne, was es auf der anderen Seite alles zu sehen gibt.«
»Kein Problem«, sagte die Maus. »Setz mich mal wieder auf die Erde, dann sag ich es dir gleich.«
»Wie willst du das denn machen?«, fragte der Elefant ganz erstaunt.
»Oh, das ist ganz einfach. Ich grabe mir ein kleines Loch unter der Mauer durch, und dann gehe ich auf die andere Seite.« Nach einer langen Zeit kam die Maus wieder (Tun-

nel bauen ist nämlich viel Arbeit für Mäuse) und erzählte dem Elefanten von den Tieren, die sie auf der anderen Seite der Mauer gesehen hatte. Nun konnte sich der Elefant vorstellen, wie es dort aussah, und er war zufrieden. Auf seiner Seite war es nämlich genauso schön.

59

DIE DREI NUSSBÄUME

Einem jungen Königspaar wurden drei Söhne geboren. Nach jeder Geburt pflanzte der König einen Nussbaum mit einem besonderen Wunsch in den Schlossgarten. Dem Erstgeborenen wünschte er die Kraft und Mächtigkeit eines Nussbaumes, dem Zweiten Lebensmut und Freude, wie die grünen Blätter des Baumes dies künden, und dem Jüngsten wünschte er: »Du sollst reifen und immer Frucht bringen.« Die Söhne wuchsen heran, wie auch die Jahresringe der Bäume zunahmen. Jeder machte sich den Wunsch des Vaters zur Lebensregel.

Der Älteste verstand unter »Mächtigkeit«, in immer neuen Kriegen seinen Reichtum zu mehren. Aber mit seiner Macht wuchs auch seine Einsamkeit, weil alle vor ihm Angst hatten. In den Kämpfen des Krieges wurde sein Nussbaum geschlagen und verdorrte.

Der zweite Sohn verstand unter Leben und Freude, Feste fröhlich zu feiern. Er prasste und schlemmte, Ärger und Missgunst wuchsen, und schnell war das Erbe verbraucht. Er wurde einsam und krank; die Blätter am Nussbaum welkten.

Der Jüngste dachte über den Wunsch seines Vaters nach; er saß lange unter seinem Nussbaum. Schließlich begriff er das Sinnbild des Baumes: Die Wurzeln griffen tief in die Erde und gaben dabei so festen Stand, dass kein Sturm ihn erschüttern konnte. Gleichzeitig saugten sie Wasser und Nahrung aus der Erde für Äste, Blätter und Früchte. Er sah aber auch das Streben des Baumes in die Höhe, um Luft und Licht einzuatmen. Da wusste der jüngste Sohn, dass Früchte nur wachsen können, wenn die Kraft der Erde und der Segen des Himmels sich vereinen.

So richtete er seinen Blick auf die Erde und ging neben seiner Arbeit auch zu den Kranken, Hungrigen und Traurigen. Und wenn er von seiner Arbeit müde und ausgelaugt war, setzte er sich unter seinen Nussbaum, schaute nach oben in die Zweige und erbat sich vom Himmel Kraft und Segen für sein Werk.

Jedes Mal entdeckte er dabei neue Früchte in seinem Nussbaum, und seine Blätter welkten das ganze Jahr nicht.

60

DER HABICHT UND DIE SCHILDKRÖTE

Der Habicht und die Schildkröte waren schon seit längerer Zeit befreundet.

Eines Tages sagte Suliugu, der Habicht: »Es ist wirklich schlimm, dass du so klein und langsam bist. Wenn zum Beispiel meine Mutter plötzlich sterben würde, könntest du unmöglich rechtzeitig zum Leichenschmaus da sein!«

Die Schildkröte antwortete: »In diesem Leben ist der Verstand sehr viel wichtiger als die Kraft und die Größe. Sage mir Bescheid, wenn deine Mutter zu ihren Vorfahren heimkehren wird, und ich werde sogleich bei dir sein.«

Der Habicht lächelte, sagte aber nichts. Als kurz darauf seine Mutter starb, schickte er den Geier zur Schildkröte, um sie von dem Trauerfall zu unterrichten. Die Schildkröte dankte für die Botschaft und antwortete: »Fliege zu Suliugu und sage ihm, ich käme bald. Komm dann noch einmal her, ich will inzwischen einige Geschenke für ihn zusammenpacken. Solltest du mich dann nicht antreffen, nimm diese Tasche mit, da wird alles drin sein.«

Der Geier flog zum Habicht und berichtete ihm, was die Schildkröte gesagt hatte. Der Habicht ließ den Kopf hängen und sagte: »Ach, die Arme kommt bestimmt nicht rechtzeitig. Wenn sie auch sagt, dass im Leben der Verstand wichtiger sei als Kraft und Größe, so weiß ich doch, dass es nur leere Worte sind. Nun möchte ich wenigstens ihre Geschenke sehen. Bringe mir also die Tasche, von der sie zu dir gesprochen hat.«

Der Geier flog wieder zur Schildkröte, fand in ihrer Höhle die Tasche und brachte sie dem Habicht. »Siehst du«, sagte der Habicht mit traurigem Lächeln, »die Schildkröte ist noch nicht da. Ich wusste, dass sie nicht rechtzeitig kommen würde.«

Er hatte noch nicht ganz ausgeredet, als die Schildkröte ihren Kopf aus der Tasche reckte und sagte: »Bist du nun überzeugt, dass der Verstand wichtiger ist als alles andere im Leben?«

61
DAS KOSTBARE GUT

Die Tiere hatten eine große Versammlung einberufen, weil sie beraten wollten, wie sie sich gegen den Raubbau der Menschen schützen könnten.
»Mir nehmen sie fast alles«, sagte die Kuh, »die Milch, das Fleisch und selbst die Haut.«
»Mir geht es auch nicht viel besser«, sagte die Henne. »Mir nehmen sie die Eier weg und schließlich muss ich in den Topf.«
»Von mir nehmen sie das Fleisch und meine schöne Haut«, sagte das Schwein.
»Und mir rauben sie die Freiheit, weil ich ihnen etwas vorsingen soll«, sagte der Kanarienvogel.
Und so hatten alle etwas zu beklagen: die Hirsche, die Hasen, die Vögel und die Fische, die Wale und die Seehunde, die Leoparden und die Elefanten.
Als alle Gruppen ihre Klagen vorgetragen hatten, ließ sich die leise Stimme der Schnecke vernehmen: »Was ich habe, würden mir die Menschen sofort wegnehmen, wenn sie könnten. Denn was ich habe, fehlt ihnen zu ihrem Wohlergehen am meisten: Ich habe Zeit!«

62
DIE EICHE UND DAS SCHILFROHR

Am Ufer eines Teiches stand eine Eiche: mächtig und stolz. Sie trotzte der Sonnenhitze und beugte sich keinem Sturm, denn ihre Wurzeln reichten tief. In der Nähe wuchs ein Schilfrohr auf feuchtem Grunde. Es sah

schwach und zerbrechlich aus und verneigte sich vor jedem Wind.
»Du tust mir leid«, sagte die Eiche eines Tages. »Wärst du doch näher an meinem Stamm gewachsen, ich würde dich gerne vor den Stürmen beschützen!«
»Du bist sehr freundlich«, sagte das Schilfrohr bescheiden, »aber sorge dich nicht um mich. Kommt ein Sturm mit Gewalt, beuge ich mich bis zur Erde und lasse ihn über mich fortbrausen: Ich beuge mich, aber ich breche nicht!«
Die Eiche schüttelte trotzig ihr Haupt: »Ich leiste jedem Sturm Widerstand; niemals würde ich mich beugen!«
Ein schrecklicher Sturm kam über Nacht; er riss Blätter und Äste aus der aufrechten Eiche. Das Schilfrohr beugte sich bis zur Erde.
Der Sturm wurde zum Orkan. Mit seiner ganzen Wut zerrte er am trotzigen Baum – bis er ihn samt Wurzeln aus der Erde riss.
Als das Unwetter vorüber war, stand das kleine Schilfrohr aufrecht neben dem gestürzten Riesen.

63

GESCHWISTERLIEBE

Der Winter des Jahres 1210 in dem kleinen italienischen Örtchen Assisi war besonders kalt und frostig. Überall auf den Bergen und in den Tälern lag Schnee. Dennoch ließ es sich der hl. Franz nicht nehmen, zur Abhärtung barfuß durch die weiße Pracht zu laufen.
Eines Morgens fand er auf seinem Weg eine kleine Kohlmeise, die halb erfroren war. Franz von Assisi hob sie auf

und brachte sie zu seinen Brüdern ins Kloster. Dort stellte man fest, dass der Flügel gebrochen war. Liebevoll schienten ihn die Mönche und abwechselnd fütterten und pflegten sie den kleinen Sänger, allen voran der Ordensgründer. Als der Frühling kam, flog die Meise wieder hinaus in die Welt. Jeden Morgen setzte sich der Vogel auf das Fensterbrett des Heiligen und weckte ihn mit munterem Gesang. Diese Dankbarkeit rührte den hl. Franz. In einem abendlichen Gespräch erzählte er von seinen morgendlichen Freuden und sagte zu seinen Brüdern: »Alle Geschöpfe dieser Erde sind von Gott erschaffen worden. Wenn denn der Allmächtige ihr Vater ist, dann bilden wir alle eine große Familie. Fortan werde ich zu dem kleinen Vogel ›Schwester Meise‹ und zu einem wilden Raubtier auch ›Bruder Wolf‹ sagen.«
Nach einer Pause fügte er hinzu: »Aber auch das Unkraut werde ich ›Schwester Distel‹ und den Baum ›Bruder Eiche‹ nennen. Denn gerade die Pflanzen bedürfen unserer Zuwendung, sie sind die wehrlosesten Geschöpfe in der Familie der Lebewesen.«

64

FRANZISKUS UND DAS LIED DER LERCHE

Franziskus liebte die großen und die kleinen Geschöpfe. Den Bruder Esel, den er nie zu streicheln vergaß, liebte er genauso wie die Käfer, die am Boden krabbelten. Sobald er auf seinem Weg einen Wurm entdeckte, bückte er sich nach ihm. Behutsam hob er ihn hoch und trug ihn an den Rand, wo das Gras wuchs und die Hecken standen. Dort war der Wurm sicher; dort zertrat ihn niemand.

Auch um die Bienen sorgte sich Franziskus. Im Winter ließ er ihnen Honig und süßen Wein hinstellen, sodass sie den Frost besser ertrugen und nicht verhungern mussten. Franziskus bewunderte ihren Eifer. Noch mehr bewunderte er aber die Kunstfertigkeit, mit der sie ihre Waben bauten. Manchmal redete er den ganzen Tag von nichts anderem, nur davon. Vielleicht spürten die Bienen seine Zuneigung und besuchten ihn deshalb in der Einsamkeit auf dem Berg La Verna. Während er vor seiner kleinen Hütte saß und betete, flogen sie um ihn herum und setzten sich auf seine Kutte. Als er wieder in das Tal hinunterstieg, ließ er ein Tongefäß zurück. Mit ihm hatte er jeden Tag Wasser aus der Quelle geholt.

Nach seinem Tod suchten seine Brüder den Ort noch einmal auf. Da sahen sie, dass ein Bienenvolk in dem Gefäß wohnte. Die Waben wuchsen über seinen Rand hinaus, und in seinem Inneren summte es fröhlich und dankbar. Die Brüder staunten darüber. »Der Heilige«, sagten sie zueinander, »hat den Bienen zum Abschied ein schützendes Haus geschenkt. Hört nur, wie sie sich darüber freuen.«

Franziskus war ein Freund der Vögel, ganz besonders aber der Haubenlerchen. Wenn eine von ihnen in die Luft aufstieg und leise zu singen begann, blieb er stehen. Aufmerksam hörte er zu und ließ sich dabei durch nichts stören. Wie kein anderes Geschöpf erinnerte ihn die Lerche an seine Brüder. Manchmal sagte er deshalb zu seinen Gefährten: »Unsere Schwester trägt eine Kapuze. Darin ähnelt sie euch. Sie ist bescheiden und will nicht glänzen. Wenn die Lerche Hunger hat, sucht sie nach Körnern am Wegrand. Sogar aus dem Abfall holt sie ihr Futter. Mehr braucht sie nicht zum Leben. Ihr Gesang klingt unver-

gleichlich schön. Hoch über uns, im Flug, preist sie den Schöpfer.
Auch ihr sollt Gott loben und stets an den Himmel denken. Das Federkleid unserer Schwester hat die unauffällige Farbe der Erde. Dieser Vogel, der süßer singt als alle anderen Vögel, trägt kein kostbares, buntes Gewand. Ganz einfach, ohne jeden Schmuck kommt er daher.« So sehr bewunderte Franziskus die Haubenlerchen.
Am Abend, an dem er verstarb, versammelten sie sich über seiner Hütte. Dann ließen sich die Haubenlerchen auf dem Dach der Hütte nieder. Ein letztes Mal sangen sie für den Mann aus Assisi, der alle Geschöpfe liebte.

Vom Wunder der Auferstehung

65
AUFERSTEHUNG IM ASPHALT

Sie hatten den Wanderweg am Bach entlang asphaltiert. Jetzt wurde er auch für Fahrräder freigegeben. Einerseits verständlich, andererseits ärgerlich, weil wieder ein Stück lebendiger Erde nicht mehr atmen konnte. Ich suchte mir einen anderen Spazierweg, denn Fahrradkarawanen nehmen die Beschaulichkeit.

Zwei Jahre später ging ich gegen Abend doch nochmals den alten Weg. An zwei Stellen blieb ich stehen, wunderte und freute mich: Da war doch der Asphalt am Rand aufgebrochen, Gras und Löwenzahn hatten sich hindurchgezwängt und sich nicht unterkriegen lassen! Besonders das pralle Gelb der Löwenzahnblüten hatte es mir angetan. Und eine Pusteblume deutete bereits an: »Mit uns müsst ihr rechnen. Das ist nicht alles! So leicht lassen wir uns nicht unterkriegen!«

Ein Stück Auferstehung aus dem Asphalt.

66
TAT EINER AMSEL

Ich war vierzehn, da sah ich: Im Holunder aß eine Amsel von den Beeren der Dolde.

Gesättigt, flog sie zur Mauer und strich sich an dem Gestein einen Samen vom Schnabel.

Ich war vierzig, da sah ich: Auf der geborstenen Betonschicht wuchs ein Holunder.

Die Wurzeln hatten die Mauer gesprengt; ein Riss klaffte in ihr, bequem, sie zu durchschreiten.

Mit splitterndem Mörtel schrieb ich daneben: »Die Tat einer Amsel«.

67

DIE SONNENBLUME UND DER SPATZ

Zwischen einer alten Holzkiste und einer Waschmitteltonne wuchs eine kleine Sonnenblume. Um sie herum lag nur Müll und Abfall. Sie war die einzige Blume weit und breit. Warum die Sonnenblume ausgerechnet hier wuchs, das wusste keiner.
Die Blume war oft sehr traurig, und nachts träumte sie von saftigen Wiesen, von bunten Blumenfeldern und von Schmetterlingen, die um sie herumflogen.
Eines Tages setzte sich ein kleiner, zerzauster Spatz vor die Strahlenblume und bestaunte sie mit offenem Schnabel.
»Wie schön du bist, wie wunderschön«, piepste der Spatz.
»Das bin ich nicht«, entgegnete die Sonnenblume traurig. »Du müsstest mal meine Schwestern sehen, die sind zehnmal so groß, ich aber bin klein und hässlich.«
»Für mich bist du aber die Schönste«, zwitscherte der Spatz trotzig und flog davon. Der Vogel besuchte die Blume nun jeden Tag. Und jeden Tag wuchs die Sonnenblume ein Stück höher, und ihre Blüte leuchtete jeden Tag ein bisschen mehr. Sie wurden Freunde.
Aber eines Tages blieb der Spatz aus. Er kam auch am nächsten Tag nicht, und die Blume machte sich große Sorgen.

Als sie am anderen Morgen aufwachte, lag der Spatz mit ausgestreckten Flügeln vor ihr. Wie erschrak sie da. »Bist du tot, mein kleiner Freund? Was ist passiert?«
Langsam schlug der Vogel die Augen auf. »Ich habe seit Tagen auf der Müllhalde nichts mehr zu fressen gefunden. Jetzt ist meine Kraft am Ende. Ich bin zu dir gekommen, um bei dir zu sterben.«
»Nein, nein«, rief die Sonnenblume, »warte, warte einen Moment!« Sie neigte ihre schwere Blüte nach unten, und schon fielen die Sonnenblumenkerne auf die Erde. »Pick sie auf, mein kleiner Freund, sie werden dir neue Kraft geben.« Der Spatz knackte mit letzter Kraft ein paar Körner und blieb dann erschöpft liegen.
Am nächsten Morgen aber fühlte er sich wieder stark und kräftig. Er wollte sich bei der Sonnenblume bedanken, aber wie erschrak er, als er sie sah. Die gelben Blütenblätter waren schlaff geworden, und die Blätter hingen kraftlos herunter.
»Was ist mit dir, Blume?«, piepste der Spatz erschrocken.
»Mach dir keine Sorgen«, sagte die Sonnenblume da. »Meine Zeit ist zu Ende. Weißt du, ich dachte immer, dass ich umsonst auf dieser Müllhalde stehe. Aber jetzt weiß ich, dass alles seinen Sinn hat, auch wenn wir es manchmal nicht gleich begreifen. Ich hätte ohne dich den Lebensmut verloren und du ohne mich dein Leben. Und schau, es liegen noch viele Kerne auf der Erde. Lass einige liegen, und vielleicht werden eines Tages hier viele Sonnenblumen blühen und viele zerzauste Spatzen mit bunten Schmetterlingen um die Wette fliegen.«

68
DIE AUFERSTEHUNGSBLUME

Ein Mann war mit einer Gruppe unterwegs in der Wüste. Plötzlich brach ein Sandsturm los, so stark, dass keiner mehr den anderen erkennen konnte. Jeder war auf sich selbst gestellt.

Als der Sturm nachließ, stellte der Mann fest, dass er seine Gruppe verloren hatte. Er war allein. Nichts kam ihm mehr vertraut vor. Der Sturm hatte alle Spuren verweht. Nur die Sonne war an ihrem Platz und half ihm, die Richtung zu bestimmen. Schon nach kurzer Zeit quälte ihn der Durst. Mit aller Kraft versuchte er, vorwärtszukommen. Doch je länger er unterwegs war, umso mutloser wurde er. Sand – nichts anderes umgab ihn. Erbarmungslos brannte die Sonne auf alles Leben, das sich regte. Allmählich spürte der Mann, dass ihn seine Kräfte verließen. Wenn ich nicht bald etwas zu trinken finde, muss ich sterben, dachte er und schleppte sich weiter. Bis zum Abend fand er kein Wasser und keinen Menschen und war kurz davor, aus Verzweiflung aufzugeben. Erschöpft sank er nieder.

Da spürte er neben sich eine Pflanze. Vorsichtig tastete er sie ab. Sie war ganz vertrocknet und hart. Hässlich grau ragte sie aus dem sandigen Boden. Voller Abscheu sah sich der Mann das einzige Lebewesen neben sich an. So wird es mir auch bald ergehen, dachte er. Verdorren wird alles Leben in mir. Die Pflanze zeigt mir mein Schicksal. Noch einmal wollte er sich aufraffen, doch er konnte keinen Schritt mehr gehen. Er schlief ein. Wirre Träume quälten ihn. Gegen Morgen wachte er fröstelnd auf. Die Nacht war kalt und sternenklar gewesen. Ihn fror. Wie mag es meiner Nachbarin, der Pflanze, gehen?, dachte er und tastete nach ihr. Doch was war das? Sie fühlte sich ganz anders an als vorher. Erstaunt betrachtete sie der erschöpfte Mann. Die Pflanze hatte sich verändert: Sie war grün geworden und hatte Ästchen und Zweige wie eine Rose entfaltet. Der Tau der Nacht hatte dies bewirkt. Nur ein wenig Feuchtigkeit hatte so viel Leben entstehen lassen. »Gestern warst du für mich die Ankündigung des Todes«, rief der Mann, »willst du mir heute Mut machen zum Leben?« Vorsichtig grub er die Pflanze aus. »Du kommst mit! Immer will ich dich spüren und sehen können. Wenn ich mutlos werde, sollst du mir Hoffnung geben!«

Der Verdurstende schleppte sich weiter vorwärts. Oft war er völlig mutlos, doch er gab nicht auf. Immer wieder sah er seine Pflanze an und richtete sich wieder auf.

Schließlich fand ihn eine Karawane. Menschen gaben ihm zu trinken und pflegten ihn. »Ohne die Pflanze hätte ich aufgegeben«, stammelte er mit dürren Lippen. »Nur wer Hoffnung hat, kann kämpfen. Sie gab mir immer wieder Hoffnung.« Die Beduinen lächelten. Sie kannten die »Rose von Jericho« und ahnten, was er sagte, obwohl sie seine Sprache nicht verstanden.

Solange der Mensch nur einen Funken Hoffnung auf Leben entfachen kann, ist er bereit zu kämpfen und hat die Kraft und den Mut, größere Durststrecken zu ertragen.

69
WUNDER DER WÜSTE

»Noch fünf Kilometer«, sagt Abdullah, und es klingt wie eine Erlösung, »noch fünf Kilometer und wir erreichen ein Haus, in dem wir nächtigen werden.«
Seit Stunden fährt unser Jeep durch die Wüste, die Zone des Todes, wie die Menschen sie hier nennen. Die Sonne hat mit ihren todbringenden Strahlen alles ausgetrocknet.
Jemand, der bei dreißig Grad stöhnt, wenn er im Schatten eines Apfelbaumes sitzt und seine Füße im Wassereimer kühlt, kann sich die Sonne der Wüste nicht vorstellen. Hier, wo kein Baum, kein Strauch, kein Felsen Schatten spendet, wird die Sonne, Ursprung des Lebens, zum Gevatter Tod. Kein Leben weit und breit, nur Sand und Steine. Dazu die Spiegelungen, die Wasserstellen vortäuschen. Stumpf hocken wir auf den Sitzen, die Kleider kleben am Körper, die Zunge ist geschwollen. Um uns Land des Todes!
»Heute Nacht wird es regnen«, sagt Abdullah. Wir glauben ihm, obwohl keine Wolke am Himmel zu sehen ist. Keiner fragt.
Was Abdullah sagt, geschieht. So erreichen wir auch das Haus, das er angekündigt hat. Es ist verfallen. »Warum«, denke ich, »wurde es je gebaut, wurde es hier erbaut mitten in der Wüste? Hier, wo alles Leben verloschen ist, wo nur der Tod regiert.«
In der Nacht prasselt der Regen auf das Dach. Was wir in der Morgensonne sehen, wird keiner glauben, der das nie erlebt hat. Begreifen können wir es nicht: Dort, wo nur Sand und Steine lagen, kein Pflänzchen sich zeigte, blü-

hen Blumen, bunte Blumen, farbenprächtige Gewächse. Das Leben hat den Tod überwunden.

70

DER TRAUM DER RAUPE VOM FLIEGEN

Es war einmal eine garstige, grüne Raupe, die den ganzen Tag damit verbrachte, alle Blätter zu fressen, die sie erreichen konnte. Eine Schnecke kroch hinzu und ärgerte sich: »Du unverschämter, dicker Fettwanst, gibt es nicht genug Blätter? Musst du jetzt auch noch von dem nagen, an dem ich gestern angefangen habe?« Die Raupe gab frech zur Antwort: »Das war gestern. Heute war ich zuerst hier. Wer zuerst kommt, frisst zuerst.«
»Unverschämt, ich sage der Amsel Bescheid, dass sie dich holen soll; die hat fünf hungrige Kinder im Nest!«, schimpfte die Schnecke und rutschte böse weiter.
Bald danach kam ein Marienkäfer vorbei. »Igitt, bist du hässlich«, schüttelte er sich. »Sieh mal meine hübschen roten Flügel an!«
»Ein bisschen Bescheidenheit täte dir gut«, gab die Raupe zurück, »aber du bist wirklich schön. Manchmal träume ich davon, nicht mehr diesen wahnsinnigen Hunger zu haben. Dann wünsche ich mir: Könnte ich doch fliegen und bräuchte nicht mehr mühsam über Blätter, Stängel und Wege zu kriechen.«
»Träume sind wie Seifenblasen, sie zerplatzen«, lächelte der Marienkäfer und flog davon. Traurig blickte ihm die Raupe nach.
Auf einmal flatterte ein wunderschöner Schmetterling herab, setzte sich auf eine Blüte, dicht neben die Raupe,

und fragte: »Warum bist du so traurig? Bemerkst du nicht den Sonnenschein und die schönen Blüten um dich herum?«
»Ach«, seufzte die Raupe, »danke, dass du so freundlich zu mir sprichst, aber ich habe immer einen so großen Hunger, dass ich nicht anders kann als fressen.«
Da klappte der Schmetterling seine schönen Flügel auf und zu und flüsterte: »Verlass dich auf die Sonne. Einmal werden dir auch Flügel wachsen und deine Stummelfüße fallen ab. Du musst nur geduldig warten und darfst nicht den Mut verlieren.«
Die Raupe hörte dem Schmetterling zu und wurde so müde, dass sie gerade noch »danke« sagen konnte. Dann spann sie langsam einige Fäden um sich und schlief ein. Ihr letzter Gedanke war: »Ob meine Träume wohl wahr werden, dass ich einmal fliegen kann, und alles wird viel schöner und leichter?«
Als sie wieder erwachte, war sie ein wunderschöner Schmetterling geworden.

71

LIBELLENLARVE UND BLUTEGEL

Eine Fabel erzählt das Gespräch zwischen einer Libellenlarve, die immer wieder den unwiderstehlichen Drang nach oben hat, um neue Luft zu schöpfen, und einem Blutegel, der sagt: »Hab ich vielleicht jemals das Bedürfnis nach dem, was du Himmelsluft nennst?«
»Ach«, erwiderte die Libellenlarve, »ich hab nun einmal die Sehnsucht nach oben. Ich versuchte auch schon einmal, an der Wasseroberfläche nach dem zu schauen, was

darüber ist. Da sah ich einen hellen Schein, und merkwürdige Schattengestalten huschten über mich hinweg. Aber meine Augen müssen wohl nicht geeignet sein für das, was über dem Teich ist. Aber wissen möcht ich's doch!«

Der Blutegel krümmte sich vor Lachen: »O du fantasievolle Seele, du meinst, über dem Tümpel gibt es noch was? Lass doch diese Illusionen. Glaub mir als einem erfahrenen Mann: Ich hab den ganzen Tümpel durchschwommen. Dieser Tümpel ist die Welt – und die Welt ist ein Tümpel. Und außerhalb dessen ist nichts!«

»Aber ich hab doch den Lichtschein gesehen und Schatten!?«

»Hirngespinste! Was ich fühlen und betasten kann, das ist das Wirkliche«, erwiderte der Blutegel.

Aber es dauerte nicht lange, bis sich die Libellenlarve aus dem Wasser herausschob, Flügel wuchsen ihr, goldenes Sonnenlicht und blauer Himmelsschein umspülten sie, und sie schwebte schimmernd über den niedrigen Tümpel davon.

72

AUS DEM TOD ERSTEHT LEBEN

Der berühmte Filmproduzent Cecil B. de Mille liebte es, sich in die Einsamkeit zurückzuziehen, wenn er ein Problem zu überdenken hatte. Eines Tages fuhr er in einem Boot auf einen See im Staate Maine hinaus und ließ sich ziellos dahintreiben, während er sein Problem überdachte.

Das Boot trieb an Land und legte an einer Stelle an, wo das Wasser nur wenige Zentimeter tief war. De Mille schaute hinab und sah, dass der Grund mit Wasserkäfern übersät war. Einer von ihnen kam an die Oberfläche und kroch langsam an der Seitenwand des Bootes hoch. Als er den Bootsrand erreicht hatte, starb er.

De Milles Gedanken kehrten zu seinem Problem zurück. Nach einer Weile blickte er zufällig wieder auf den Käfer. In der heißen Sonne war sein Panzer brüchig geworden. Plötzlich sprang der Panzer auf, und langsam kam eine Libelle zum Vorschein. Sie erhob sich in die Luft, und ihre Farben funkelten im Sommerlicht.

Diese beflügelte Kreatur flog in einem Augenblick weiter, als der Käfer in Tagen hätte kriechen können. Die Libelle wandte sich wieder der Wasseroberfläche zu; de Mille sah ihren Schatten auf dem Wasser. Sehr wahrscheinlich sahen die Wasserkäfer in der Tiefe die Libelle auch, aber jetzt lebte ihr einstiger Gefährte in einer Welt, die ihr Begriffsvermögen überstieg. Sie lebten immer noch ihre bescheidene Existenz, während ihre beflügelte Verwandte alle Freiheit zwischen Himmel und Erde genoss.

Später, als de Mille sein Erlebnis erzählte, schloss er mit der eindringlichen Frage: »Wird der Schöpfer des Universums das, was er für einen Wasserkäfer tut, für einen Menschen nicht tun?«

73
DER LÖWENZAHN

Es war einmal ein Löwenzahn. Am Wegrand wuchs er, gleich neben der Friedhofsmauer. Um ihn herum waren lauter Artgenossen. Vieles hatten sie schon gemeinsam erlebt. Im Frühling waren sie nacheinander aus der Erde gekrochen, hatten ihre Blätter ausgebreitet und ihre Stängel neugierig der Sonne entgegengestreckt. Dann kam das erwartungsvolle Warten, als sich die Knospen bildeten, und schließlich die große Freude, als sich eines Tages die ersten Blüten entfalteten. Der Löwenzahn lachte und scherzte mit seinen Freunden und freute sich des Lebens.

Doch mit der Zeit veränderte sich seine Blüte. Was vorher strahlend gelb gewesen war, verblich und wurde zu einer weichen, weißgrauen Kopfbedeckung. Der Löwenzahn war alt geworden. Plötzlich war vieles mühsamer. Sein Stängel wurde schwächer und trotzte nicht mehr jedem Wind. Da wurde der Löwenzahn nachdenklich. Was war nur los mit ihm?

Eines Tages kam ein Sturm auf. Zuerst war es nur ein Windhauch, der sanft über den Löwenzahn strich. Als der Wind jedoch stärker wurde, überfiel den Löwenzahn eine lähmende Angst. Verzweifelt versuchte er, sich festzuhalten.

»Du musst loslassen«, sagte der Wind. »Es wird Zeit für dich zu gehen.«

»Aber es war doch immer so schön hier. Ich möchte noch nicht fort«, stammelte der Löwenzahn.

»Komm, lass los!«, forderte der Wind, der den Löwenzahn immer stärker umwehte.

»Wird es wehtun, wenn ich loslasse?«, fragte der Löwenzahn.
»Ja«, sagte der Wind. »Aber ich werde dich nicht allein lassen. Ich bleibe bei dir und werde dich sanft weitertragen.«
»Ich habe Angst«, flüsterte der Löwenzahn.
»Das gehört dazu«, murmelte der Wind, bevor er den Löwenzahn mit aller Kraft umwehte. Da lösten sich die Samenkörner vom Herzstück des Löwenzahns und wirbelten durch die Luft. Der Wind trug sie hoch hinauf und der Löwenzahn konnte noch ein letztes Mal auf seine Wiese blicken. Dabei spürte er, wie sein alter Stängel umknickte.
Der Wind aber trug die Samenkörner weit fort, um sie schließlich behutsam auf weichen Boden sinken zu lassen. Dort blieben sie liegen, wurden vom Regen umspült und unter die Erde gedrückt. War dies das Ende des Löwenzahns? Es sah fast so aus. Die kleinen weißen Fallschirme zerfielen und sogar die Samenhülle begann sich in der feuchten Erde aufzulösen.
Doch im nächsten Frühjahr regte sich dort neues Leben. Langsam bohrte sich ein kräftiger Trieb durch das dunkle Erdreich. Und der Wind kam, um den Löwenzahn im Licht der Sonne willkommen zu heißen.

74
AUF DEN ZWEITEN BLICK

In einer kargen Landschaft, in der kaum ein Baum wuchs und zwischen lauter Fels und Stein nur dürre Halme zu finden waren, fristete eine kleine Familie ihr dürftiges Da-

sein. Eine Hütte aus Felsstein und zwei magere Ziegen waren ihr ganzer Besitz.
Da geschah es, dass in der Nacht zu Ostern ein Wolf geschlichen kam und die beiden Ziegen riss.
Nun war ihnen nichts geblieben, wovon sie sich hätten ernähren können. Die blanke Not trieb sie, ihre wenigen Habseligkeiten zu einem Bündel zu schnüren und in die Fremde zu ziehen. Nach manchem Leid, vielen Demütigungen und Enttäuschungen fanden sie weit weg von ihrer Heimat eine Arbeit und eine Unterkunft. Zwei Jahre später konnte der Mann ein Stück Wiese pachten und dort ein Schaf weiden lassen. Er arbeitete fleißig und brachte es schließlich zu einem Häuschen, einer Kuh, einem Ochsen und acht Schafen.
Wieder nahte das Osterfest und der Mann zündete zwei Kerzen an.
»Warum zwei Kerzen?«, fragte ihn seine Frau. »Eine, weil morgen Ostern ist, das verstehe ich. Aber wozu die zweite?«
»Die ist als Dank für den Wolf, der uns aus unserer Heimat vertrieben hat.«

75
BLINDENHEILUNG

Vierzehn Tage hatte es gedauert. Heute war der erste Tag, an dem er sich etwas besser fühlte. Er lag im Bett, schaute halb schläfrig aus dem Fenster, beobachtete für eine Weile das Spiel von Sonne und Wind im frischen Grün der Bäume.
Er versuchte sich zu erinnern. Er war nach Hause gekommen mit hohem Fieber, hatte sich ins Bett legen müssen.

Seine Frau hatte noch am späten Abend den Arzt gerufen. Es musste ziemlich ernst mit ihm gestanden haben. Der Arzt war oft gekommen. Meist hatte er es nur ganz verschwommen wahrgenommen. Hätte er sterben können? »Weg vom Fenster«, wie sein Sohn manchmal sagte. Komische Sache, sich vorzustellen, dass man die Blätter da nicht mehr sehen sollte.

Du hättest sterben können. Er drehte sich auf den Rücken, starrte die Decke an, als könne er sich dadurch besser konzentrieren. Er hob seine Hände vor die Augen. Die Haut war weiß und schlaff. Kranke Hände. Aber er würde sie wieder brauchen können. Die Finger ließen sich beugen und strecken. Mit Wohlbehagen nahm er es wahr.

Die Nächte vor allem waren schlimm gewesen. Abends war das Fieber steil gestiegen, schlimme Atemnot war dazugekommen, Angst hatte ihn gepackt, ihm das Herz zusammengepresst. Zwei-, dreimal hatte seine Frau nachts das Bettzeug wechseln müssen, so sehr hatte er geschwitzt.

Wann hatte sie denn geschlafen? Es fiel ihm nicht ein. Immer, so hatte er das Gefühl, war sie da gewesen. Hatte ihm ab und zu die Lippen angefeuchtet, die Kissen gerichtet, ihn zur Toilette geführt, das Licht abgedunkelt, wenn es ihm zu grell war, ihm die Tasse an den Mund gehoben. Ganz still war sie durchs Zimmer gegangen. Hatte neben ihm gestanden. Seine Hand gehalten.

Irgendetwas kam in ihm auf. Er konnte es noch nicht genau umschreiben. Sie hatte seine Hand gehalten. Jedes Mal, wenn er wach wurde, hatte er das gemerkt. Es hatte ihm gutgetan. Und sie hatte alles ganz still getan. Mit leisen guten Worten. Behutsam. Und immer war sie da gewesen.

Die Tür zur Küche öffnete sich. Sie kam mit einer Tasse herein. »Schau, wie verschieden das Grün ist an den Bäumen da draußen«, sagte er. »Ja? Das hast du früher nie gesehen«, antwortete sie.
»Ich habe vorher manches nicht gesehen.« Er nahm ihre Hand und schaute in ein übermüdetes Gesicht mit liebevollen Augen.

76
DIE GEBEUGTE

Die Gebeugte hielt ihren Körper vornüber, stemmte ihn auf einen Stock, ihr Blick ging auf das Stück Boden vor ihr. Wollte sie einen Menschen ansehen, musste sie sich mühsam aufrichten, gewöhnlich sah sie von den Leuten nur die Füße. Sie sah aber etwas, was andere nicht wahrnahmen; sie sah die Spuren, die die Menschen hinterließen.
Was sonst höchstens für einen Jäger oder Detektiv noch interessant war, das wurde ihr ganzes Weltbild: die Spuren, die im Sand, im Staub der Straße eingeschrieben waren. Sie lernte zu unterscheiden, sah, wenn die Füße nachgezogen wurden, wenn die Schritte raumgreifend gesetzt waren oder schüchtern einhertrippelten. Sie wusste gleich aus der Spur, wie es um den Menschen stand. Sie sah auch die Umwege, die gemacht wurden, dass Spuren nach links und rechts auswichen, Bögen schlugen.
Einmal fand sie eine Spur, die anders war als alle übrigen. Die machte nie einen Bogen. Sie ging immer geradeaus. Das verwunderte sie sehr. Sie ging der Spur nach, tage-

lang, wochenlang. Die Spur war unverkennbar, sie konnte sie herauslesen aus allen andern Schritten. Wie ein Jäger folgte sie ihr, las die Fährte, und als sie ihn gefunden hatte, richtete sie sich auf. Diese Gestalt wollte sie sehen, auch wenn sie ihren kranken, gebeugten Rücken kaum aufzurichten vermochte. Mit einer letzten Anstrengung streckte sie sich, und als sie gerade stand, da wusste sie: Sie war geheilt.

77
ALLES GEHT GUT AUS

Es war einige Tage vor den Osterferien. Ich war gerade mit der langen Erzählreise über Abendmahlsaal, Ölberg und Golgota bis zur Auferstehung zu Ende gekommen.
Da hab ich an den Seppl in der dritten Bank die gewichtige Frage gestellt, was ihm denn an der Erzählung von Jesus am besten gefallen habe.
Der Achtjährige, auf einem einsamen Hof eine Stunde hangeinwärts zu Hause, gab strahlend die Antwort: »Dass alles so gut ausgeht!«
Die Antwort zwang mir ein Lächeln ab: »Dass alles so gut ausgeht!« Wie unbekümmert ein Kind seine Sehnsucht auf den Punkt bringen kann! Es nützt mir letztlich doch nichts, wenn mir ein berühmter Philosoph auf die Schulter klopft und klarmacht, dass Sinnlosigkeit zum Leben gehört oder ich mit einer raffinierten Versenkungsmethode aus der Wirklichkeit fliehe und in ein Nirwana entschwebe.

Es hilft mir nur der Auferstandene, weil er nicht von unserer Seite der Ohnmacht kommt. Er ist der Einzige, dem ich abnehme, dass – trotz allem – alles gut ausgeht.

QUELLENNACHWEIS

Trotz intensiver Bemühungen ist es uns nicht gelungen, alle Rechteinhaber zu ermitteln. Wir bitten diese daher um Verständnis, wenn wir gegebenenfalls erst nachträglich eine Abdruckhonorierung vornehmen können.

1 Willi Hoffsümmer

2 Nach Wolfgang Longardt, Neue Kindergottesdienstformen, Gütersloh/Freiburg 1973, S. 171f gekürzt

3 Katharina Seidel © Rechte bei der Autorin

4 Genaue Quelle unbekannt

5 Nach Oliver Clerc

6 Aus: Hans-Werner Räbiger, Randnotizen (1985). Genaue Quelle unbekannt

7 Peter Müller, Mach's dir leichter! © 2007, Kösel-Verlag, in der Verlagsgruppe Random House GmbH

8 Aus: Helmut Jaschke, Hoffnungsgeschichten zu Texten der Evangelien, Sankt Ulrich Verlag / Wewel Augsburg (www.sankt-ulrich-verlag.de)

9 Aus: Axel Kühner, Zuversicht für jeden Tag, 4. Auflage 2011, Neukirchener Verlagsgesellschaft mbH, Neukirchen-Vluyn

10 Peter Frowein © Rechte beim Autor

11 Paul Bourfeind

12 Peter Spangenberg © Rechte beim Autor. www.p-spangenberg.de

13 Aus: Thomas Merton, Sinfonie für einen Seevogel. Geschichten und Meditationen des Zhuangzi © Patmos Verlag der Schwabenverlag AG, Ostfildern 2012

14 Lindolfo Weingärtner © Rechte beim Autor

15 Jürgen Maubach, aus: »Familien- und Jugendgottesdienste« Ausgabe 12/2007 © Bergmoser + Höller Verlag AG, Aachen

16 Märchen aus Nordafrika
17 Aus Afrika
18 Genaue Quelle unbekannt
19 Genaue Quelle unbekannt
20 Aktuell: nach Dietrich Steinwede, Das Hemd des Glücklichen, stark gekürzt
21 Märchen, genaue Quelle unbekannt
22 Aus: Wolfgang Raible/Reinhard Abeln, Pausen-Zeiten für jeden Tag, S. 110. © 2003 Butzon & Bercker GmbH, Kevelaer, www.bube.de (Originaltitel: Schlaf als Glaubenszeichen)
23 Übertragen nach einer Idee von W. Hoffsümmer, in KGG 4-2004/05, S. 7
24 Genaue Quelle unbekannt
25 Theodor Weißenborn © Rechte beim Autor
26 Horst Conen, Eine Handvoll Bohnen (Originaltitel: Der Graf und die Bohnen) © Horst Conen, Buchautor und Coach aus Köln, aus: Sei gut zu dir, wir brauchen dich. Vom besseren Umgang mit sich selbst. Campus Verlag Frankfurt/New York 2011
27 Aus: Khalil Gibran, Sand und Schaum, in: Khalil Gibran, Sämtliche Werke in fünf Bänden. Band 3, übersetzt und herausgegeben von Ursula und S. Yussuf Assaf © Patmos der Schwabenverlag AG, Ostfildern 2012
28 Aus: Margarete Walke, Die Blume in der Wüste. Neue Gespräche und Gesprächsimpulse für Gemeinde und Schule © Matthias-Grünewald-Verlag, Mainz 1998, S. 66f
29 Quelle unbekannt
30 Monika Endres © Rechte bei der Autorin
31 Paul Bourfeind © Literarische Agentur Thomas Fröhling
32 Genaue Quelle unbekannt
33 Aus: Petra Hillebrand, Kurzgeschichten für Feiern und Gottesdienste. Taufe, Hochzeit, Beerdigung. 2. Auflage © Tyrolia Verlag Innsbruck 2006
34 Armin Kaupp © Rechte beim Autor
35 Aus: Die Sternsinger – Diaspora 3/2008, S. 10f.
36 Aus: Max Bolliger, Kleines Glück und wilde Welt © Lehrmittelverlag, Zürich
37 Japanisches Märchen
38 Armin Kaupp © Rechte beim Autor

39 Alfred Anders © Literarische Agentur Thomas Fröhling
40 Genaue Quelle unbekannt
41 Gina Ruck-Pauquèt © Rechte bei der Autorin
42 Manfred Kyber (Originaltitel: Himmelsschlüssel)
43 Heribert Haberhausen © Rechte beim Autor
44 Roland Breitenbach © Rechte beim Autor
45 »Märchen«, aus: Bertolt Brecht, Werke. Große kommentierte Berliner und Frankfurter Ausgabe, Band 19: Prosa 4. © Bertolt-Brecht-Erben / Suhrkamp Verlag 1997
46 Christiane Kleine © Rechte bei der Autorin
47 Anne Steinwart © Rechte bei der Autorin
48 Nach einer Zen-Geschichte aus China
49 Aus: Tania Konnerth, Aus der Schatzkiste des Lebens. Geschichten, die ein Lächeln schenken © Verlag Herder GmbH, Freiburg i. Br. 2012, S. 56f.
50 Katharina Seidel © Rechte bei der Autorin
51 Rafik Schami, Ein ehrlicher Handel, aus: Ders.: Der Fliegenmelker. Geschichten aus Damaskus. © Carl Hanser Verlag GmbH & Co. KG, München 1997. Mit freundlicher Genehmigung des Carl Hanser Verlags
52 Nach Gerhard Gigler, Regensburg, in RU-Notizen 1/2004, S. 14f, Bistum Regensburg
53 Indisches Märchen
54 Aus: Shel Silverstein, Der freigebige Baum, deutsch von Franz Hohler (1987 Gertraud Middelhauve Verlag, Köln) © der deutschen Übersetzung Franz Hohler
55 Käthe Recheis © Rechte bei der Autorin
56 Sage
57 Aus: Petra Hillebrand, Kurzgeschichten für Feiern und Gottesdienste. Taufe, Hochzeit, Beerdigung. 2. Auflage © Tyrolia Verlag Innsbruck 2006
58 Gisela Zschirnt, Rechte bei der Autorin
59 Hanni Neubauer, aus: Religionspädagogische Praxis, 2/1988, S. 28–29 © RPA-Verlag GmbH, www.rpa-verlag.de
60 Ein Märchen der Haussa
61 Aus: Axel Kühner, Überlebensgeschichten für jeden Tag, 18. Auflage 2010, Neukirchener Verlagsgesellschaft mbH, Neukirchen-Vluyn
62 Nach La Fontaine

63 Heribert Haberhausen © Rechte beim Autor

64 Aus: Erich Jooß, Franz von Assisi und die Sprache der Tiere © Gabriel Verlag (Thienemann Verlag GmbH), Stuttgart/Wien. www.gabriel-verlag.de

65 Nach »Christ in der Gegenwart« 51/1992, S. 423

66 Wolfdietrich Schnurre © Rechte bei Marina Schnurre

67 Monika Endres © Rechte bei der Autorin

68 Genaue Quelle unbekannt

69 Heribert Haberhausen © Rechte beim Autor

70 Genaue Quelle unbekannt

71 Genaue Quelle unbekannt

72 Aus: N.V. Peale, Die Wirksamkeit positiven Denkens © 1987 Die Wirksamkeit positiven Denkens. Oesch Verlag AG, Zürich

73 Aus: Petra Hillebrand, Kurzgeschichten für Feiern und Gottesdienste. Taufe, Hochzeit, Beerdigung. 2. Auflage © Tyrolia Verlag Innsbruck 2006

74 Aus: Norbert Lechleitner, Ein Lächeln für die Seele. 100 überraschende Weisheitsgeschichten, die jeden Tag ein wenig freundlicher machen © Verlag Herder GmbH, Freiburg i. Br. 2003, S. 61 (Originaltitel: Notgedrungen)

75 Anton Jansen. © beim Autor

76 Aus: Josef Osterwalder, Von Senf- und Samenkörnern. 25 fast biblische Geschichten © Matthias-Grünewald-Verlag, Mainz 1977

77 Stark verkürzt nach Reinhold Stecher